我
们
一
起
解
决
问
题

# 企业常见税会差异处理与案例解析

安世强 著

人民邮电出版社
北　京

**图书在版编目（CIP）数据**

企业常见税会差异处理与案例解析 / 安世强著. --
北京 : 人民邮电出版社, 2023.8
ISBN 978-7-115-62165-8

Ⅰ. ①企… Ⅱ. ①安… Ⅲ. ①企业会计－税收会计②
企业管理－税收管理 Ⅳ. ①F275.2②F810.423

中国国家版本馆CIP数据核字(2023)第119313号

## 内 容 提 要

企业常常会面临税会差异的情况，如果不能正确地进行处理，不仅会影响企业的会计核算，还会给企业带来经济损失与税务风险。

本书介绍了自 2017 年企业会计准则大范围修订以来，相关新规对会计核算与税务核算造成的影响，以及由此引发的税会差异。内容主要包括收入准则、租赁准则、金融工具准则、非货币性资产交换准则、债务重组准则、政府补助准则等的修订导致的会计核算变化与税会差异，以及企业应该如何处理这些差异。全书内容翔实，案例丰富，就常见会计核算问题、税会差异问题给出了解决方案，有助于企业规避涉税风险，实现良性发展。

本书既适合从事财会工作和税收管理工作的相关人士阅读，也可以作为财税培训机构与财经院校相关专业课程的指导用书。

◆ 著 安世强
责任编辑 付微微
责任印制 彭志环

◆ 人民邮电出版社出版发行 北京市丰台区成寿寺路 11 号
邮编 100164 电子邮件 315@ptpress.com.cn
网址 https://www.ptpress.com.cn
北京鑫丰华彩印有限公司印刷

◆ 开本：880×1230 1/32
印张：9.5 2023 年 8 月第 1 版
字数：204 千字 2023 年 8 月北京第 1 次印刷

定 价：69.00 元
读者服务热线：(010) 81055656 印装质量热线：(010) 81055316
反盗版热线：(010) 81055315
广告经营许可证：京东市监广登字 20170147 号

　　知识的积累是一个漫长的过程，从职场小白成长为业内专家并非"一万小时"可成。我本科与硕士学的是国际贸易专业，通过考取中国注册会计师、税务师、资产评估师获得了会计、税务和资产评估等方面的理论知识，并先后在大型会计师事务所与上市公司从事审计与税务工作，获得了较多的实践机会，因此才可以说初步积累了一定的财税知识，才能够对一些财会领域的专业问题拥有自己的看法与想法。

　　财务人员不论是在专业机构还是在一般的企事业单位工作，总会遇到各种会计与税务难题，尤其是在职业生涯的初期，面对纷繁复杂的实务工作，有时难免会惘然无措。从事实务工作多年，我面对和处理过很多会计与税务问题，也为众多企业做过咨询，针对企业中常见的税会问题或难点问题，我可以快速地给出解决方案或参考意见，并且这些方案或意见经过实践证明都是可行的。

恰当的税会处理有赖于财务人员对会计知识、税务知识及资产评估知识的综合运用，孤立地学习会计知识，往往难以满足工作需要。以税会差异为例，企业的会计处理有些与税务规定一致，而有些则不同，如果财务人员不了解税会差异，除了影响会计核算，还会给企业带来经济损失（如多缴纳税金）和税务风险（如少缴纳税金）。再如，财务人员对历史成本计量比较熟悉，而对市场价值缺乏应有的职业敏感性，了解资产评估知识，有助于财务人员对涉及资产购置与企业合并等方面的业务进行恰当的税会处理。

从上市公司离职后，我选择去中国社会科学院大学攻读会计学博士学位。学术研究与实务工作有所不同，前者偏向于理论知识的探讨，后者着重于实务问题的解决。作为财务人员，既要有一定的理论深度，又要有较深的实践基础，缺少任何一方面的知识储备，都可能造成对问题理解的片面性。实务具有丰富多彩的特点，这正是其魅力所在，但是面对纷繁复杂的业务，不论是会计准则还是税务政策，都难以兼顾所有的情况。当税会政策规定对企业的特定业务类型缺乏指导性意见时，财务人员尤其需要从理论的高度来指导实践，尽可能做到恰当地处理税会差异。

《企业常见税会差异处理与案例解析》一书是我多年从事审计、税务工作的经验总结。全书内容聚焦实务中常见的税会处理差错，着重从企业会计准则与税务规定两个视角进行解析，力求使税会处理同时满足会计与税务两方面的要求。书中讲述的税会问题多以案例分析的形式呈现，这些案例与实务联系紧密，贴近真实的营商环境，对企业来说具有较高的借鉴价值。

本书能够呈现在大家面前，首先要感谢向我咨询过财税问题的实务工作者们，他们提出的一些具有代表性的税会差异问题及其解决方案构成了本书的主体内容。由于涉及的话题广泛，且财税法规、政策更新变化较快，书中难免有考虑不周或纰漏之处，恳请读者批评指正。

"路漫漫其修远兮，吾将上下而求索。"财税之路没有终点，不断迭代的商业模式和复杂的业务，不断更新和完善的企业会计准则，以及频繁颁布的税收政策规范都需要耗费财务人员很多精力去学习和研究，而且，如何凸显会计工作的管理职能，增加会计工作的附加值也是实务工作者亟须考虑的问题。

千头万绪，还需抽丝剥茧，让我们由此开始，一起迎接未来！

# 目  录

CONTENTS

第三章 租赁业务

第四章 股份支付

## 第七章　递延所得税资产与负债

## 第八章　营业收入

## 第九章 成本与费用

## 第十章  研发支出

## 第十一章  政府补助与商务补贴

第一章

# 浅析税会处理与差异

## 一、核算会计的职能定位

在会计理论界存在会计的核算职能论与管理职能论之争，而在实务中又存在核算会计与管理会计的混淆，突出的表现便是管理层直接按照核算会计所提供的信息进行管理决策，殊不知，核算会计所提供的决策信息并不充分，相关性与及时性也不够。那么，我们到底应该如何看待会计核算职能与管理职能，是否会计的职能必须居于其一呢？

### （一）核算会计成了管理会计的基础

管理会计的产生先于核算会计。在早期的经济活动中，资本的积累没那么大，募集资金主要还是在亲友之间，在这个阶段，会计更可能的是对实物与货币等的管理。随着社会化大生产的发展，外部资金来源的多样化，税务机关职能的完善，应这些外部组织与人员的要求，企业需要按照既定的规则编制对外财务报表，以谨慎性等原则进行会计核算。基于对这些背景的认识，我们可以得知核算会计与管理会计既有密切的联系，又存在显著的区别。

追溯会计史，我们会发现，由于财务报表使用者对企业财务信息了解的强劲需求与外部债权人、股东和税务机关的强势地位，对内的管理会计开始向对外财务报告妥协，即以对外报告为目的的核算会计地位越来越高，甚至在多年以后，实务界与学术界反而认为管理会计出现于核算会计之后，是核算会计功能的延伸。企业需要严格遵守会计准则的核算原则，并对外报告。管理层往往基于财务报告，通过一定的调整，甚至直接参考财务报告进行管理决策。基于当今会计实践的角度，核算会计在相当大的程度上成了管理会计的基础。

### （二）核算会计职能清晰化

核算会计的目的是对外提供财务报告，管理会计的目的则是为管理层提供与决策相关的、有用的、及时的信息，故前者难以满足后者的需求。由于过去信息技术未达到足够的水平，企业尚难同时运行两类信息系统，以同时满足两类需求。目前，在"大智移云物区"等技术的支持下，这已不是难题，企业可以搭建涵盖两类信息的、更完善的财务系统，以同时满足对外财务报告与对内管理决策的需求。

当然，搭建能够同时满足两类需求的信息系统需要一定的成本，中小企业可能面临资金上的困难。在此情形下，需要更加清晰化核算会计的职能定位。虽然会计的核算规制在改善，以弥补会计信息相关性不足等问题，如投资性房地产引入了公允价值计量模式，但历史成本仍然是主体。会计核算中的部分信息可以直接用于管理决策，如变现能力最强的货币资金，而存货等会计核算信息则不能直接用于管理决策。总之，会计核算是基础，它提供了最基本的信息，但面向决策时，需要调整为对决策更有用、更相关、更及时的信息。

## 二、准则修订对税会处理的影响

自 2017 年以来，财政部对《企业会计准则第 7 号——非货币性资产交换》《企业会计准则第 12 号——债务重组》《企业会计准则第 14 号——收入》《企业会计准则第 16 号——政府补助》《企业会计准则第 21 号——租赁》《企业会计准则第 22 号——金融工具确认和计量》《企业会计准则第 23 号——金融资产转移》《企业会计准则第 24 号——套期会计》《企业会计准则第 25 号——保险合同》《企业会计准则第 37 号——金融工具列报》等多个会计准则进行了修订。与原企业会计准则相比，修订后的会计准则不仅增加了会计核算的难度，也加剧了税会差异，对财务人员的执业能力提出了更高的要求。

### （一）会计核算难度的增加

企业会计准则的修订方向进一步朝着实质重于形式、权责发生制、清晰性等会计核算基本原则努力。为了促使财务报表更好地反映出企业的财务状况与经营成果，新修订的企业会计准则在一定程度上增加了会计核算的难度。下面列举两例。

### 1. 租赁准则的修订

在原租赁准则之下，如果承租方的租赁不满足融资租赁的条件，则划分为经营租赁。在经营租赁之下，承租方通常是按照年限平均法，将本年支付的租赁费确认为成本费用。企业基于持续经营的目的和租赁合同的约定，经常需要对某些资产连续租赁若干年。按照原租赁准则，财务报表上无法反映出企业拥有一项可供使用的资产，并拥有一项长期负债的事实，企业存在表外资产与负债。而按照新租赁准则，承租方按照统一的租赁模型，不再区分经营租赁和融资租赁，对租赁业务确认使用权资产与租赁负债，这样更能反映租赁业务的经济实质，更符合实质重于形式的会计核算基本原则。

### 2. 收入准则的修订

收入准则修订后有诸多变化，例如，在原收入准则下，企业需要通过预收账款来核算未确认的收入，而对已收款的负债，要求通过应收账款来核算已确认收入但尚未收款的债权，这种核算较为简单；在新收入准则下，企业的预收款项要进一步区分为合同负债与预收账款，应收款项进一步区分为合同资产与应收账款。新收入准则更符合清晰性的会计核算基本原则，但增加了会计核算难度。

再如，在原收入准则下，企业通常直接将销售佣金确认为销售费用；修订后的收入准则更注重权责发生制原则，在销售佣金属于获取合同的增量成本，满足销售佣金可以被合同收入所弥补等条件下，企业可以先对销售佣金予以资本化，将其确认为合同取得成本，在结转收入时，再确认为销售佣金支出。在新收入准则下，成本费用与收入更匹配，更符合权责发生制原则。

### （二）税会差异的加剧

税务对企业会计准则变化的反应具有一定的滞后性，以财务报表项目为例，随着企业会计准则的变化，以及报表披露的新要求，利润表中出现了研发费用、信用减值损失、资产处置收益、其他收益等新报表项目，但是直到 2022 年所得税汇算清缴结束之时，所得税年度纳税申报表仍未更新。

税会差异的加剧增加了企业税务处理难度。例如，在原租赁准则下，承租人通常按照年限平均法确认租赁费，税务也允许企业按照年限平均法在企业所得税税前抵扣租赁费支出，这种情形下一般不存在税会差异。而在新租赁准则下，企业核算使用权资产和租赁负债，并计提使用权资产累计折旧和摊销未确认融资费用，这两项影响损益的项目并不被税务认可，税务认可的仍然是按照年限平均法确认的租赁费，这就会产生一定的税会差异。

再如，在原收入准则下，预收账款包含了增值税销项税，但是新收入准则的合同负债却是不含税的，这也导致涉税会计核算更为复杂。

【案例 1-1】甲公司为一家芯片研发、生产和销售企业，由于技术复杂，行业门槛较高，产品紧俏，客户通常需要预付货款。乙公司在采购芯片时，预付给甲公司 113 万元。甲公司相关业务适用 13% 的增值税税率，在预收货款时尚未产生增值税纳税义务。

（1）在原收入准则下，甲公司在收到预收账款时仅需要做如下会计分录：

借：银行存款　　　　　　　　　　　　　　1 130 000

　　贷：预收账款　　　　　　　　　　　　　　　1 130 000

在确认收入时：

借：预收账款　　　　　　　　　　　　　　1 130 000

　　贷：主营业务收入　　[ 1 130 000 ÷（1+13%）] 1 000 000

　　　　应交税费——应交增值税（销项税额）　　 130 000

（2）在新收入准则下，涉税会计处理较为复杂，会计分录如下：

借：银行存款　　　　　　　　　　　　　　1 130 000

　　贷：合同负债　　　[ 1 130 000 ÷（1+13%）] 1 000 000

　　　　应交税费——待转销项税额　　　　　　 130 000

在确认收入时：

借：合同负债　　　　　　　　　　　　　　1 000 000

　　应交税费——待转销项税额　　　　　　　 130 000

　　贷：主营业务收入　　　　　　　　　　　　1 000 000

　　　　应交税费——应交增值税（销项税额）　　 130 000

## 三、税会处理的基本原则

随着会计准则的不断修订，税法条文的不断推出，财务人员需要不断学习和更新知识，加强对税会基本原则的理解，注重对经济业务实质的理解，避免在税会处理工作中出现重大差错。

### （一）会计核算基本假设与原则

财务人员在学习会计知识时，往往更注重具体会计准则的学习，而忽视了对会计核算基本假设与原则的理解。实际上，这些基本假设与原则衍生出了具体的会计核算方法，一切的会计处理都需要先满足会计核算的假设前提与原则，否则便可能出现较大的偏差。具体来说，会计核算基本假设主要包括会计主体、持续经营、会计分期和货币计量四项；会计核算原则主要包括三项一般原则（谨慎性、重要性、实质重于形式），四项计量原则（配比性、实际成本、划分收益性支出与资本性支出、权责发生制），以及六项信息质量原则（真实性、相关性、一致性、可比性、及时性、清晰性）。

准确理解上述基本假设与核算原则，可以帮助财务人员减少会计核算中的差错；反之，若财务人员对会计核算基本假设与原则缺乏理解，如以下几项，则可能引发严重的会计核算错误。

### 1. 会计主体假设

会计核算是针对一定的会计主体，这个核算要求虽然简单，但在实务中也容易出现错误。例如，甲乙两公司作为联合体申请了财政补贴项目，甲公司作为主要申请人，甲乙公司各自承担课题的不同部分，协同完成项目。乙公司向甲公司开具发票，甲公司作为采购乙公司服务来核算。这样核算除了不符合会计主体假设，还违反了实质重于形式原则。

### 2. 实质重于形式原则

这一原则非常重要，财务人员的专业水平在很大程度上体现于此。对实质重于形式进行恰当的专业判断并不容易，需要财务人员持续地深入学习与研究。例如，银行等金融机构除了收取利息，还要求企业支付咨询费，由于企业并不需要咨询服务，只是借贷了资金，因此本质上咨询费也属于利息支出，而不能将其计入咨询费或长期待摊费用。

### 3. 会计分期假设

实务中，在很多情况下，企业财务人员会将收入与成本费用归属到错误的会计期间，而"截止测试"也是审计人员必须实施的审计程序之一。例如，不少企业本月的工资在下月发放，便将工资奖金放到了实际发放的月份核算；一些企业年中还在报销上年的发票；等等。这些操作便是没有进行会计分期，也违反了权责发生制原则，即一项税务与会计差错会产生连锁反应。

### 4. 权责发生制原则

资产负债表与利润表是按照权责发生制的原则（又称应收

应付制）进行编制的，而现金流量表的编制则采用收付实现制。权责发生制的体现无处不在，财务人员处理错误的情况也非常普遍。例如，在企业承担运费的情况下，货物已经运达并入库，但企业未及时收到运输发票，财务人员也未将运费暂估入账，最终在实际收到运输发票入账时，相关的存货可能早已出库。

## （二）税务处理的基本原则

我国税收的基本原则包括税收法定原则、税收公平原则、税收效率原则和实质课税原则。这里我们不再基于法理做进一步的解释，而是基于实践做一些阐释。

### 1. 税务与会计的联系和区别

税务与会计具有紧密的联系，作为国家财政收入的主要来源，税收来源于企业，计算税收自然依赖于企业的会计核算。但是，税收除了作为财政收入来源，也是一项政策工具。例如，国家通过高新技术企业资格、研发支出加计扣除等税收优惠政策激励企业创新，以实现我国经济的高质量发展与可持续发展。由于税务对不同会计核算项目的认可度不同，因此造成了税务处理与会计核算存在一定的差异。以会计利润为例，企业需要将会计利润调整为税务认可的应纳税所得额，并据此缴纳企业所得税，而从会计利润到应纳税所得额存在众多的纳税调整项目。这就需要财务人员深刻理解会计核算与税务知识，以保证企业账务既满足会计准则的核算要求，又符合税法规定。

例如，会计上的固定资产折旧需要结合资产的预期使用年限，以及同行业企业类似资产的会计估计政策进行账务处理。因此，当会计上制定的固定资产折旧年限较长，每年计提的折旧较少，缴纳的所得税较多时，往往能够满足税法的要求，不存在税会差异；相反，如果制定的折旧年限较短，或者税务机关为了鼓励企业创新，允许研发用固定资产一次性提完折旧计入当期损益，减少当期所得税，而实物资产仍被持续使用多年，这时便存在较大的税会差异。

### 2. 税务筹划合规性

税务筹划需要建立在合规的基础上，否则容易违反税收法律法规，尤其是在"金税四期"运行后，税务部门拥有更强大的税收违规侦查手段的背景下。税务筹划要想做到合规，财务人员就需要对税收规定与会计处理进行深入的了解，切忌"自以为是"，自认为是合理的税务筹划，而实际属于违法行为。

例如，有的税务筹划方案认为，成立家族企业，将企业经营者的花销在企业中支出，这样不仅可以抵扣企业所得税，还不需要经营者缴纳个人所得税。这类税务筹划方案，一方面违反了区分会计主体的会计核算基本假设，以及真实性的会计核算原则；另一方面也违反了税法，股东个人费用在企业支出，属于对股东的分红，股东存在逃税的嫌疑。

再例如，有的税务筹划方案认为，企业经营者购置字画等艺术品投资到企业中，企业可以通过计提折旧的方式抵减企业所得税，提完折旧之后，再将艺术品返还给经营者。由于这类艺术品可能增值，不会随着消耗而转移价值，且很难证明与企业经营存在直接的关系，因此在会计核算和税务上都不能计提折旧或摊销。

# 流动资产与负债

## 一、周转材料的核算问题

实务中，周转材料的会计处理存在较多的误区，常见的包括：不对周转材料进行摊销，周转材料账面价值常年保持不变；将价值很低的日常用品作为周转材料来核算，即将可以直接费用化的，如办公用品，计入周转材料；与固定资产的核算混淆，认为物品使用一年以上就应计入固定资产；等等。对于周转材料的核算，财务人员应注意其核算范围与核算方法。

### （一）周转材料的核算范围

周转材料属于存货的明细科目，主要包括低值易耗品、可多次使用的包装物及脚手架、木／钢模板等建筑行业周转材料。周转材料的来源既可能是直接外购的，也可能是自己加工或委托加工的。

周转材料虽然属于流动资产，但使用时间可能会超过 1 个会计年度，所以又具有一些固定资产的特征。这就需要将周转材料与其他存货、固定资产，以及应该直接费用化的支出进行区分，防止核算科目和资产类别的混淆，以及核算过于烦琐。是否应该核算为周转材料，企业可以根据以下三项进行综合判断。

### 1. 资产消耗模式

资产的消耗模式可以划分为一次性消耗（一次性转移资产价值）和多次消耗（分期转移资产价值）两大模式。财务人员先要判断资产消耗模式，由于周转材料体现了"周转性"，因此说明该类资产并非一次性消耗，如原材料，是可以多次使用并分期转移价值的。由于可以多次使用的资产除周转材料之外，还包括其他类别的资产，如固定资产，故不能仅根据资产的消耗模式来判断其是否属于周转材料，还需看资产原值高低及是否可以重复使用。

### 2. 资产原值高低

资产原值高，且可以多次使用的，作为固定资产来核算；资产原值低（如办公用品），即使可以多次使用，也不需要计入周转材料或固定资产，可一次性费用化，这一点是基于重要性原则的考虑，否则会计核算的成本过高，所提供的会计信息对报表使用者来说不具有重要性。

### 3. 资产原值较高并可重复使用的，可作为周转材料核算

如果资产满足了可以重复使用，且价值不足以核算为固定资产在较长期间计提折旧的，可以考虑核算为周转材料。

可见，周转材料与固定资产的资产消耗模式有相似之处，使用期间均较长；两者的重要区别在于资产价值的高低，但会计

政策未给出资产价值高低的界限，需要企业根据实际经营来判断。资产价值达到多少核算为周转材料，或达到多少核算为固定资产，其核算规则和标准一旦设定好，即作为企业的一项会计政策，不得随意变动，须一贯执行。

### （二）周转材料的核算方法

周转材料具有价值不高，可多次使用的特点，它不需要像固定资产那样通过一年以上的折旧计提进行核算，也不需要像原材料那样一次性结转到生产成本，而是通过多次摊销的方法进行核算，当然，金额不大也可以一次性摊销。实务中，周转材料核算较多采用五五摊销法，即分两次计入成本费用。

【案例 2-1】2022 年 7 月，甲饲料公司购买了 20 个塑料托盘用于放置饲料，以方便使用叉车快速移动。塑料托盘每个 1 000 元，合计 20 000 元，采用五五摊销法进行核算。会计分录如下。

（1）购置入库时：

借：存货——周转材料——在库　　　　　　20 000

　　贷：银行存款　　　　　　　　　　　　　　20 000

（2）领用时：

借：存货——周转材料——在用　　　　　　20 000

　　贷：存货——周转材料——在库　　　　　　20 000

（3）领用后第一次摊销（摊销一半的价值）时：

借：制造费用等　　　　　　　　　　　　　10 000

　　贷：周转材料——摊销　　　　　　　　　　　10 000

（4）第二次摊销时：

借：制造费用等　　　　　　　　　　　　　10 000

　　贷：周转材料——摊销　　　　　　　　　　　10 000

　　此外，针对周转材料报废，如果该周转材料能够按照废品销售，收入结转到营业外收入，成本已经全部摊销，无须考虑后续核算问题；如果周转材料性质特殊，本企业还可继续使用残料，替代部分原料，可将材料价值借记原材料，贷记制造费用等，即冲减已经计提的成本费用。

## 二、委（受）托加工物资的会计处理

　　委（受）托加工物资的核算经常会发生在相互独立的企业之间，一方提供主要材料，另一方受托，代垫辅料并进行加工，收取受托加工费。在集团内部，或母分公司之间也存在委托加工的情况，如制药公司，原料由母公司采购，最终产品也由母公司对外销售，母分公司按照委托加工的模式操作，由生产基地分公司负责生产。

　　委托加工虽然基于专业化分工，在某些地区和行业中有利于节约成本，也可以在短期内形成生产能力，降低固定资产投资，但总体来说，这类业务模式相较于自产自销还是较少，很多财务人员对其会计处理并不熟悉。

### （一）委托加工物资的核算内容

委托加工物资属于存货的范畴，是委托方的资产，核算内容主要包括三个方面：

（1）委托方发送给受托方加工的材料；

（2）支（应）付的委托加工费；

（3）受托方代垫的辅料等成本（如果委托加工费不含辅料费）。

### （二）委托方的会计处理

委托加工物资可按加工合同、受托加工单位以及加工物资的品种等进行明细核算，期末借方余额，反映企业委托外单位加工尚未完成物资的实际成本。

【案例 2-2】甲公司是电子设备企业，委托乙公司将价值 100 万元的材料装配成电子产品，支付了 11.3 万元的加工费，后收回产成品和剩余材料（价值 5 万元）。会计分录如下。

（1）将原材料发给受托方时：

借：委托加工物资　　　　　　　　　　　1 000 000

　　贷：原材料　　　　　　　　　　　　　　　1 000 000

（2）发生加工费等时：

借：委托加工物资　　　　　　　　　　100 000

　　应交税费——应交增值税（进项税额）　13 000

　　贷：银行存款　　　　　　　　　　　113 000

（3）收回委托加工物资时：

借：库存商品　　　　　　　　　　　　1 050 000

　　原材料　　　　　　　　　　　　　　50 000

　　贷：委托加工物资　　　　　　　　　1 100 000

## （三）受托方的会计处理

委托方发出的原料不属于受托方的资产，受托方只需备查数量即可，不入财务账。对于受托方来说，若主营业务是受托加工，则结转收入时计入主营业务收入；若是利用闲置的生产能力从事受托加工，则根据在营业收入中的重要程度计入其他业务收入或主营业务收入。企业从事受托加工获得的收入即受托加工费，成本与其他制造业类似，包括辅料、直接人工和制造费用，主要区别在于受托加工不核算原材料成本。在进行受托加工时，受托方按照制造业的成本核算方法进行归集，可按照委托方名称和受托加工产品类型进行明细核算。

由于受托加工的主体材料属于委托方的资产，属于受托方存货范畴的是加工成本，包括辅料、直接人工和折旧费等，即在加工完成之时，从生产成本结转到库存商品的是这几项成本费用。

加工完毕后，如果受托方将商品立刻送至委托方，可不通过库存商品科目过渡，直接结转主营业务成本即可；如果交易跨月，则需要先将生产成本结转至库存商品，否则会影响报表附注披露存货明细项目。

【案例 2-3】沿用案例 2-2，乙公司发生工资 3 万元，折旧费 2 万元，受托项目已全部完工。会计分录如下。

（1）计提直接人工费：

| | |
|---|---|
| 借：生产成本 | 30 000 |
| 　　贷：应付职工薪酬 | 30 000 |

（2）计提专用设备折旧费：

| | |
|---|---|
| 借：制造费用 | 20 000 |
| 　　贷：累计折旧 | 20 000 |

（3）结转制造费用：

| | |
|---|---|
| 借：生产成本——制造费用 | 20 000 |
| 　　贷：制造费用 | 20 000 |

（4）结转到库存商品：

| | |
|---|---|
| 借：库存商品 | 50 000 |
| 　　贷：生产成本 | 50 000 |

（5）确认销售收入：

| | |
|---|---|
| 借：银行存款等 | 113 000 |
| 　　贷：主营业务收入 | 100 000 |
| 　　　　应交税费——应交增值税（销项税额） | 13 000 |

## 三、存货采购中的暂估入账

企业财务人员习惯依赖发票记账，即按照发票确认收入、费用及采购的存货。财务人员如果对权责发生制原则理解得不透彻，没有建立起暂估入账的概念，就会造成很多账实不符的情况。例如，企业采购的材料已经入库，但发票还没有到，财务人员就不进行账务处理。由于生产的连续性，车间需要源源不断地领用材料，当领用的材料较多时，就会出现负库存，但实物资产不可能出现负的。出现负库存的主要原因就是财务人员只看发票做账、没发票不做账，即未登记入库，仅登记了出库。

实务中还存在这样一种情况：甲公司采购生产用的某种原材料，原材料的发票已经收到，运费由甲公司自行承担，但由供应商负责联系承运人。甲公司收到货物后，运费发票还未收到，但由于生产需要，甲公司已经开始领用该材料了。

根据《企业会计准则第 1 号——存货》（以下简称存货准则）的要求，采购存货时的运费，属于为使货物到达目前的场所而发生的必要支出，应该资本化，计入存货价值。而运输发票的到来可能比货物发票要迟，如果没有考虑运费，存货领用时发出的单价是偏低的。后期运费发票到了，由于只有金额，实物早已入账，这时运费会增加到剩余存货的成本上，从而导致单位存货分摊的运费大增，在此之后领用的存货的单价成本会显著增加。

针对存货实际入库与获得运费发票时间差造成的账实不符，企业财务人员需要在存货入库时，对该批货物的运费采取暂估入账的方式，将暂估运费计入存货成本，以避免上述问题的出现。即使暂估入账的金额与最终的运费结算价不一致，通常差异也较小，企业在收到运费发票时将差异部分调整入账即可。

# 四、拆解自产产品回收包装物的会计处理

曾有位企业财务人员提了这样一个问题："我们公司经营烘焙业务，主要进行月饼生产及销售。中秋节过后，公司安排员工将未销售的月饼进行拆解，主要目的是将纸盒、铁盒等完好的包装物留下，以备明年使用。拆解出来的废月饼和不能使用的包装物会当作废品销售给专门的垃圾处理部门，收入远远小于生产月饼的成本，而这个过程的人工费用成本又较高。对此，会计上该如何处理呢？"

可以看出，该企业从事的是传统业务，季节性产品的销毁和原料回收是会计处理要点。

## （一）原料的回收

为吸引消费者，增加市场竞争力，有些企业会对产品进行过度包装，如上面提到的月饼生产与销售企业。该企业月饼的包装成本可能远高于生产成本，因此其包装物具有回收价值。但是，该企业获取的包装原料一直处于其控制之下，人工成本并不属于企业在采购过程中为了使存货达到目前场所而发生的必要支出，因此不可以资本化计入存货成本。这更多是由于企业对销量预测

不准确，导致生产过剩造成的，企业应该将分拆包装发生的人工费用直接计入当期损益。

借：管理费用

　　贷：应付职工薪酬等

按照包装物的历史成本确认原材料：

借：原材料

　　贷：库存商品

如果包装物有减值迹象，再考虑计提存货减值准备。

### （二）废品的处理

以上述月饼生产及销售企业为例，企业拆解月饼的目的是分离出其中有价值的包装材料，以实现再利用，而月饼只能作为废品销售。由于月饼已经加工生产完成，属于产成品，再经过包装之后，形成可供对外销售的库存商品，故可以先将去除包装后的月饼废品还原为包装之前的存货的账面价值。这一账面价值便是企业应该计入当期损益的损失。由于过量生产季节性产品主要是管理决策上的失误，因此可以将损失计入管理费用，将销售废品的收入确认为营业外收入。

## 五、区分合同资产与应收账款、合同负债与预收账款

《企业会计准则第 14 号——收入》（以下简称收入准则）新修订后，增加了几个新的会计科目，其中就有合同资产和合同负

债。实务中，还有不少财务人员不清楚合同资产和合同负债与应收账款、预收账款的区别，从而造成了一些会计差错。

## （一）如何区分合同资产与应收账款

应收账款是在销售方确认收入之时产生的，在供应商授予的商业信用期之内，客户必须支付货款。合同资产有所不同，它也是在收入确认之时产生的，但供应商获得偿付的合同条款不是时间性因素，而是其他因素。例如，甲公司转让给乙公司两批货物，这两批货物是可以识别的单项履约义务，可以分摊合同对价，单独确认收入。如果合同约定第一批货物的货款需待第二批货物验收后才支付，这时第一批货物销售对应的款项不能够仅随着时间流逝而获得偿付，需要列报为合同资产。

新收入准则虽然提出了合同资产这个新的财务报表项目，但是对于大部分企业来说，其影响有限，这主要取决于交易习惯和人们对风险的厌恶。应收账款是无条件的收款权，到了约定的付款期限，客户必须付款，因此在合同约定中更常见。

## （二）如何区分合同负债与预收账款

合同负债对财务报表的影响更为广泛。合同负债与合同资产一样，需要着重理解"合同"二字。合同负债是购销双方之间发生了明确的合同关系，销售方承担了明确的转移商品和提供服务的义务；在旧收入准则下，一般只要是从客户处收取的款项，都列报在预收账款之下。目前，预收账款适用的范围大幅度缩小，合同负债在相当程度上替代了预收账款科目的使用。按照新收入准则的规定，企业从客户处收取的没有明确合同关系和待履行合同义务的款项，列报为预收账款；存在明确合同关系与履约义务的款项，列报为合同负债。在正常的交易中，由于多数企业在无明确合同约定的条件下，不会轻易支付预付款项，故合同负债科目的使用非常频繁，在很多企业的财务报表中，合同负债已经完全取代了预收账款项目。

### （三）合同资产与合同负债的互抵

新收入准则特别强调客户合同的概念，包括收入确认五步法模型也是以识别客户合同和包含的单项履约义务为核心。需要特别注意的是，对于同一个客户，合同资产和合同负债需要抵销并按照净额来列报；对于不同的客户则不需要，企业需要强化合同管理和核算。

### （四）合同负债与增值税的列报

预收账款包含了增值税的金额，但在新收入准则下，合同负债对应着向客户转移商品和提供服务的义务，其与收入对应，并不包含销项税。根据增值税的相关规定，预收时通常没有产生增值税纳税义务，这时需要预提销项税，通过"应交税费——待转销项税额"科目来核算，在报表日根据其流动性重新分类，分为其他流动负债、其他非流动负债。

（1）预收款项时：

借：银行存款

贷：合同负债

应交税费——待转销项税额

（2）产生纳税义务时：

借：应交税费——待转销项税额

贷：应交税费——应交增值税（销项税额）

（3）实际缴纳时：

借：应交税费——应交增值税（销项税额）

贷：银行存款

## 六、新金融工具准则下理财产品的税会处理

企业在满足资产流动性和安全性的前提下，往往希望获得比活期存款更高的收益，投资银行理财产品就成了企业常见的选择。根据是否保本保息，理财产品通常分为三类：保本保收益、保本浮动收益和非保本浮动收益。理财产品兼具货币资金的流动性、低风险性及金融资产投资的收益性，如何对其进行会计核算，不少财务人员对此感到疑惑。

## （一）会计核算及列报披露

企业持有理财产品，保证流动性是前提。理财产品分类为何种资产，需要根据合同现金流量的特点，以及管理层的持有意图确定。

### 1. 以公允价值计量且其变动计入其他综合收益的金融资产

根据《企业会计准则第22号——金融工具确认和计量》（2017年修订，以下简称新金融工具准则）的规定，分类为以公允价值计量且其变动计入其他综合收益的金融资产，须同时满足以下两个条件：

（1）企业管理该金融资产的业务模式既以收取合同现金流量为目标，又以出售该金融资产为目标；

（2）该金融资产的合同条款规定，在特定日期产生的现金流量，仅为对本金和以未偿付本金金额为基础的利息的支付。

实际上，理财产品很难满足上述两条的要求，因此企业投资理财产品划分为"以公允价值计量且其变动计入其他综合收益的金融资产"的情况较少。

### 2. 以摊余成本计量的金融资产

根据新金融工具准则的规定，分类为以摊余成本计量的金融资产，须同时满足以下两个条件：

（1）企业管理该金融资产的业务模式是以收取合同现金流量为目标；

（2）该金融资产的合同条款规定，在特定日期产生的现金流量，仅为对本金和以未偿付本金金额为基础的利息的支付。

与"以公允价值计量且其变动计入其他综合收益的金融资产"的条件相比，划分为"以摊余成本计量的金融资产"缺少"又以出售该金融资产为目标"这一条件，即本类金融资产着重于"持有至到期"，而非中途转让。在实务中，符合条件的通常是企业在一定期间内的对外资金借贷，企业可以基于本金收取利息，但是难以转让债权。对于保本保收益，合同现金流量为本金及以未偿付本金为基础利息支付的金融资产，如企业的定期存款，可以根据定期存款的期限长短进行列报与披露，短期的按照银行存款进行核算，长期的列报和披露为其他非流动资产。可见，企业投资的诸多理财产品都难以满足"以摊余成本计量的金融资产"的分类条件。

### 3. 交易性金融资产

按照新金融工具准则，以上两类金融资产之外的都归为以公允价值计量且其变动计入当期损益的金融资产。对于企业投资的保本浮动收益和非保本浮动收益类理财产品，分类为以公允价值计量且其变动计入当期损益的金融资产，应列报为交易性金融资产。在实务中，企业购买的理财产品以保本浮动收益和非保本浮动收益这两类居多，也多在交易性金融资产项目中进行列报。企业投资的保本保收益的理财产品相对较少，这类产品的合同现金流量可以准确计算，能够归结为上文的第一类与第二类金融资产。

## （二）税务处理

根据财税 2016 年 36 号文精神，理财产品按照是否保本，税务处理如下：

（1）保本类的理财产品，不论能否保证收益，都属于贷款服务，企业需要按照贷款服务计算缴纳增值税；

（2）非保本类的理财产品，其投资收益不属于利息收入，企业不需要缴纳增值税。

# 七、职工薪酬的税会处理

职工薪酬由于核算的链条较长，涉及的内容较多，因此在会计核算与税务处理上容易出现问题。常见的问题如下：

（1）未按照权责发生制计提职工薪酬，始终存在跨期问题；

（2）在年度所得税汇算清缴时，对职工薪酬的扣除规则不清楚。

【案例 2-4】甲公司为制造业企业，2022 年 12 月的职工薪酬合计为 600 万元，其中，公司管理职能部门工资为 100 万元，销售部门工资为 200 万元，工人工资为 50 万元，车间管理人员工资为 50 万元。由于甲公司管理职能部门员工的工资较低，本年经营绩效较高，拟发放 200 万元的奖金。甲公司 12 月为管理职能部门员工核算的社会保险费和住房公积金均为 12 万元。2023 年 1 月，甲公司实际发放奖金时，最终只发放了 100 万元奖金，工资奖金合计共扣除个人所得税 10 万元。

## （一）薪酬的计提

按照权责发生制原则，企业的职工薪酬在实际发生时应计入当期的成本费用，企业即使不在本会计期间支付货币资金，也需要先计提，以保证收入与成本费用的匹配。针对案例 2-4，相关会计分录如下：

借：管理费用——工资              1 000 000

         销售费用——工资              2 000 000

         生产成本——工资               500 000

         制造费用——工资               500 000

         管理费用——奖金              2 000 000

     贷：应付职工薪酬                 6 000 000

## （二）计提"五险一金"

"五险一金"只需核算企业承担的部分，员工承担的部分已经包含在其工资中。"五险一金"中的养老保险、医疗保险、失业保险和住房公积金由企业及员工共同承担，而生育保险、工伤保险则由企业独自承担。因此，企业实际承担的工资薪金总额除了工资奖金，还包含了与员工共摊成本的"三险一金"和独自承担成本的"两险"这两部分。

沿用案例 2-4，出于简化目的，本处未对管理人员以外的其他员工的"五险一金"进行核算。另外需要注意的是，在实际进行账务处理时，"五险一金"要列出下级明细，如养老保险的具体金额。会计分录如下：

借：管理费用——社会保险费 　　　　　　　　120 000

　　　　　　——住房公积金 　　　　　　　　120 000

　　贷：应付职工薪酬 　　　　　　　　　　　240 000

### （三）工资薪酬的支付

案例 2-4 中，企业在 2022 年末虽然为管理人员计提了 200 万元的奖金，但实际只发放了 100 万元。企业需要基于最终的税前工资及可以税前扣除的"三险一金"来为员工计算个人所得税。员工的税前收入在扣除应该由自己承担的"三险一金"份额后，进一步被代扣代缴个税，获得税后收入。相应的会计分录如下。

（1）支付工资薪酬时：

借：应付职工薪酬 　　　　　　　　　　　　　5 000 000

　　贷：其他应付款——代扣员工"五险一金"　　240 000

　　　　应交税费——个人所得税 　　　　　　　100 000

　　　　银行存款 　　　　　　　　　　　　　4 660 000

（2）缴纳社保及个税时：

借：应付职工薪酬（公司承担的"五险一金"）　240 000

其他应付款——代扣员工"五险一金"  240 000

  应交税费——个人所得税    100 000

   贷：银行存款        580 000

（3）冲减多计提的管理职能部门员工奖金：

借：管理费用 / 以前年度损益调整   -1 000 000

  贷：应付职工薪酬      -1 000 000

  案例 2-4 中，甲公司多计提的奖金金额较大，一般需要调整以前年度损益，而不调整当期损益。这里需要注意以下两点。

  第一，企业缴纳的个税在现金流量表中不属于支付的各项税费，它属于支付给职工以及为职工支付的现金，因为个税是包含在职工薪酬中的，由员工承担，是员工工资奖金的一部分，而非企业承担的税费。

  第二，在所得税年度汇算清缴时，由于该公司计提的 100 万元奖金没有实际发放，不属于实际发生的成本费用，因此不得在所得税税前扣除，需要纳税调增 100 万元。

## 八、应收票据的相关风险

  下面以某食品集团企业（以下简称 A 公司）为例，来说明应收票据存在的相关风险。

  【案例 2-5】A 公司是集饲料加工，家畜育种与养殖、屠宰，食品加工为一体的大型食品企业，主要生产特点是自繁自养。与很多"公司＋农户"的同行业相比，虽然建设期更长，形成生产能力慢，但在成本控制方面更有掌控力，不确定性因素更小，所以在肉类价格下跌较大的形势下，与同行业相比，其利润要高很多。但 A 公司也爆出过商业承兑汇票逾期的情况，并进行了相应的澄清。

根据相关媒体报道，A 公司对旗下公司商票逾期做出如下回应：

"经公司核查，由于部分持票人未及时发起提示付款申请或选择的清算方式不符合银行要求等原因，导致公司无法按时兑付商票。针对上述问题，公司已积极与持票人、银行沟通，推动商票兑付，保障持票人的合法权益。目前公司生产经营与现金流情况一切正常。公司已针对相关情况出台了专项管理制度与措施，未来将加强票据管理，避免类似事件发生。"

## （一）关于应收票据减值准备的计提

票据分为银行承兑汇票和商业承兑汇票。前者由银行承兑，后者由采购者自己承兑，一般是大型企业开出的商业承兑汇票才能被认可和流通。商业承兑汇票与应收账款类似，只不过是进行了票据化，对一般的企业来说，难免存在不能兑付的可能性，会计报表日需要进行减值测试，并根据预期信用损失，计提减值准备。

即使是银行承兑汇票，票据持有人也无法完全保证票据能够兑付。银行承兑汇票并非无风险和可以不计提减值准备。不同银行的信用等级、业务规模等差异可能很大，导致的兑付风险大小也不同，企业需要对应收票据的减值风险进行谨慎的判断。

### （二）关于现金流量

应收票据对应的现金流量列报也具有一定的特殊性。一般来说，销售方通过赊销先确认了应收账款，客户付款之后，销售方获得了现金流入，确认为销售商品、提供劳务收到的现金，这是与经营活动相关的现金流入。应收票据具有特殊性，如果企业将票据持有至到期，这种情况与企业的应收账款获得清偿时的现金流入列报一致。但是，在票据持有方将票据向银行进行贴现的情况下，需要区分银行是否拥有对逾期票据的追索权。如果企业不附追索权将票据贴现给银行，企业收到的票据贴现资金仍列报为销售商品、提供劳务收到的现金。如果企业附追索权将票据贴现给银行，银行有权向贴现方追索未获得清偿的票据，应收票据并未终止确认，企业获得的票据贴现资金应该列报为筹资活动的现金流入。

## 九、通过受让股票获得应收账款清偿

企业销售产品和提供劳务是为了获得经营活动现金流入，现款销售或者预收货款不会导致坏账损失，是企业理想的销售模式，但是在很多行业，客户处于较为强势的地位，企业为了获得销售订单，往往需要赊销。一旦涉及赊销，销售方便可能发生应收账款无法收回的情况，在无法收回货款的情况下，如果客户有可以抵债的资产，企业便能得到一定的清偿。实务中，用以抵债的资产类别较多，以下是债务人用股票进行抵债的一个案例。

【案例 2-6】甲公司系百货公司，拖欠供应商乙公司货款 546 672 元，到期无力偿还，双方协商以股票形式抵账，甲公司在 2021 年 1 月 26 日以每股 4 元的价格转让给乙公司 136 668 股，价值 546 672 元。甲公司认为，股票作为抵债资产全额偿还了货款。实际上，股票转让时，该股票估价为 1.32 元 / 股。

在本案例中，甲公司欠乙公司货款到期无法偿还，不论甲公司是用其持有的库存股还是用其他公司的股票来抵债，对乙公司来说都属于接受了交易性金融资产用以抵偿甲公司债务。虽然约定甲公司股票是 4 元 / 股，全额偿付对乙公司的负债，但约定的价格显失公允，属于无关信息。股票市价只有 1.32 元 / 股，需要按照股票的实际价值进行相应的会计处理。

根据《企业会计准则第 12 号——债务重组》应用指南（2019 年修订）："债权人受让包括现金在内的单项或多项金融资产的，应当按照《企业会计准则第 22 号——金融工具确认和计量》的规定进行确认和计量。金融资产初始确认时应当以其公允价值计量。金融资产确认金额与债权终止确认日账面价值之间的差额，记入'投资收益'科目，但收取的金融资产的公允价值与交易价格（即放弃债权的公允价值）存在差异的，应当按照《企业会计准则第22号——金融工具确认和计量》第三十四条的规定处理。"

本案例需要注意以下两方面问题。

第一，2006年颁布的债务重组准则规定，债务重组损失记入"营业外支出"科目，而2019年新修订的债务重组准则要求记入"投资收益"科目。

第二，债权人应收账款的账面价值不一定等于其公允价值。债权人对应收款项可能未计提坏账准备，或计提金额不足，这本质上是会计核算问题，而债务人已经发生困难无法清偿到期债务，该债权的公允价值很可能比账面价值低。

如果本案例债权的账面价值与公允价值相等，则会计分录为：

借：交易性金融资产　　　（136 668×1.32）180 401.76

　　投资收益　　　　　　　　　　　　　366 270.24

　　贷：应收账款　　　　　　　　　　　　546 672.00

如果账面价值未恰当计提坏账准备，则可以先计提坏账，确认为信用减值损失，在此基础上作为债权的公允价值，其与股票价值的差额，按照债务重组准则的要求记入"投资收益"科目。

由于债权的公允价值很难确定，债权人实际获得的股票价值就是债权公允价值的实现值。有人认为，按照这个金额倒推债权真实账面价值也是一种方法，但这属于"事后诸葛亮"。总之，之前的信用减值损失多确认一些，后边的投资损失就少一些，该笔销售业务的损失总额等于债权原值和后期获得的股票价值之差。

## 十、受让子公司应收账款的账务处理

会计主体是企业会计核算的基本假设，实务中，经常会有财务人员因未区分会计主体而造成严重的会计差错。另外，由于实务中关联方交易较为普遍，交易主体之间存在特殊的关系，一些在市场化条件下不常发生的业务，在关联方之间却较为常见。

【案例2-7】B公司系A公司的全资子公司，B公司账面上有1 000万元应收C公司的货款，已计提400万元坏账准备，账龄在3~4年，B公司现将该应收账款以600万元转让给A公司。

A公司财务人员有如下疑问。

（1）A公司应该以600万元确认应收账款，还是以1 000万元确认应收账款，同时确认400万元坏账准备？

（2）A公司对入账的应收账款，账龄应该列在1年以内，还是列在3~4年？

（3）假设 A 公司在受让该部分应收账款前并无其他应收账款，本年也无其他资产减值事项。如果以 1 000 万元应收账款，400 万元坏账准备入账，但资产减值损失是 0，应该如何在财务报表上列示？

该财务人员之所以有上述疑问，主要是未区分个别财务报表和合并财务报表，对于在不同会计主体之间转移的债权，不清楚该如何进行会计处理。需要先明确的是，B 公司计提坏账后的应收账款的账面价值不一定等于其公允价值，如果是非关联方交易，可以理解为双方的成交价即为公允价值。本案例双方是母子公司的关系，如果存在转让价不公允的部分，超过的部分需要考虑作为权益性交易进行核算。这里我们假设双方的交易是公允的，相关账务处理如下。

### 1. 基于个别财务报表

对于 B 公司来说，假设其转让的金融资产是不附追索权的，由于本案例转让价与账面净值相等，则会计分录为：

借：其他应收款——A 公司　　　　　　　　6 000 000
　　坏账准备　　　　　　　　　　　　　　4 000 000
　　贷：应收账款——C 公司　　　　　　　10 000 000

对于 A 公司来说，其取得了一项债权，该债权无活跃的交易市场，一般作为以摊余成本计量的金融资产，按照获取该项债权的成本作为初始计量价值，可以核算为债权投资，将该项债权的账面原值（1 000 万元）进行备查登记。由于购销业务并非发生在 A 公司与 C 公司之间，因此即使 A 公司成为最终的债权人，也不宜使用应收账款这一会计科目。

借：债权投资——C 公司　　　　　　　　　　6 000 000

　　贷：其他应付款——B 公司　　　　　　　6 000 000

在 A 公司对该笔债权的后续计量中，下一步减值金额的确定应该延续 B 公司的账龄，即该笔债权的期限风险是从其原生交易之日起算，而不能认为债权属于一年以内，风险较低。假如 A 公司日后收回的金额超过其入账价值，则需要先在 A 公司已计提减值准备的范围内冲回，并将实际收款超过债权初始入账价值的部分计入投资收益。这类债权通常没有利息收入，假设 A 公司在后续计量中没有对 C 公司的债权进一步计提坏账准备，并最终收回了 700 万元，则会计分录为：

借：银行存款　　　　　　　　　　　　　　7 000 000

　　贷：债权投资——C 公司　　　　　　　6 000 000

　　　　投资收益　　　　　　　　　　　　1 000 000

### 2. A 公司合并财务报表层面

由于 B 公司是 A 公司的子公司，在 A 公司合并财务报表层面，要按照假设该笔债权一直在 B 公司账面核算的结果进行列报和披露。从 A 公司和 B 公司的整体角度来看，应收账款原值为 1 000 万元，合计计提了坏账准备 400 万元，最终收回了 700 万元，实际坏账损失为 300 万元，应该冲减 100 万元坏账损失。合并财务报表的调整分录为：

借：投资收益　　　　　　　　　　　　　　　1 000 000
　　贷：信用减值损失　　　　　　　　　　　　　1 000 000

# 第三章

# 租赁业务

## 一、加强对新租赁准则的理解

2018年，财政部修订颁布了《企业会计准则第21号——租赁》（以下简称新租赁准则）。与原租赁准则相比，新租赁准则的核算难度增加了，财务人员只有加强对新租赁准则的理解，才能做好租赁业务的会计核算工作。

### （一）如何理解新租赁准则

在实务中，由于租赁合同的约定以及企业经营的持续性，某些资产会被企业持续租赁，这实际相当于企业持有一项经营性资产，同时持有一项每年（季、月）不断产生的负债。原租赁准则无法反映这些表外的资产与负债，而对于会计核算来说，表外资产与负债的金额又可能是很重要的。因此，新租赁准则规定，除短期租赁和低价值资产租赁外，对承租方来说，不再区分融资租赁和经营租赁，均按照统一的租赁模型进行核算，确认使用权资产与租赁负债。

在租赁业务核算过程中，常有财务人员对租赁费用的计算产生疑问：租赁付款额要算现值，那预付的租金是否要算终值？

租赁付款额需要折现是基于货币时间价值与资产入账价值的考虑，以收入准则为例，企业销售商品时有现款销售和分期付款销售两种模式，收入确认的金额是基于商品的公允价值或现款销售额，分期付款的合计金额会大于现款销售额，因为其中包含了延期付款的资金成本。这个模式下的销售合同具有融资性质。同理，使用权资产是一项资产，其入账成本也是企业当前获取这项资产的成本，主要包括以下几项：

（1）预付的租金现款；

（2）改造维修等使资产达到预定用途的初始费用；

（3）租赁付款额（未来租金）的现值。

可见，使用权资产的成本是上述金额的合计，对于尚未支付的租金，企业需要将其折现才能作为租赁资产当前的价值，否则资产的价值会虚高。

对于预付的租金是否需要计算终值这个问题，通常企业将货币资金进行投资后，如果可以收回更多的货币资金，才涉及计算终值。在租赁业务中，企业预付的租金并不能产生增值，只是增加了租赁资产的初始入账价值，因此并不涉及预付款终值的计算。

## （二）会计处理

租赁业务中，承租方通常需要预付租金和押金，押金常用于抵扣最后一期的租金，提前退租不退还押金的现象也比较普遍。在这种情况下，将押金等同于多预付一个月的租金进行核算，往往更简单和易于理解，而且符合业务实质。承租方租赁业务的会计分录如下。

（1）在租赁开始日，预付租金：

借：使用权资产

　　租赁负债——未确认融资费用

　贷：预付账款／银行存款等

　　　租赁负债——租赁付款额

（2）支付租赁费，并摊销未确认融资费用：

借：租赁负债——租赁付款额

　贷：银行存款

借：财务费用——租赁负债利息支出

　贷：租赁负债——未确认融资费用

在实务中，承租方根据租赁合同的约定分期支付租金，一般是在新的租赁年度开始之前先行支付租赁费，即预付租赁费，随着支付次数的增加，租赁负债越来越少，待租赁费全部支付完毕，对应的未确认融资费用也摊销完毕。

## 二、出租方长期经营性租赁的税会处理

新租赁准则对出租人经营租赁的会计处理规定是，"在租赁期内各个期间，出租人应当采用直线法或其他系统合理的方法，将经营租赁的租赁收款额确认为租金收入。其他系统合理的方法能够更好地反映因使用租赁资产所产生经济利益的消耗模式的，出租人应当采用该方法。"实务中，有些企业的财务人员未完全理解该项规定，而是机械地套用，很多不适合用直线法确认收入的情况，也按照直线法确认了收入，导致会计核算不能反映出经济业务实质。

【案例 3-1】甲公司的主营业务是商业地产出租，租赁甲公司商铺的企业主要经营日用百货和提供餐饮服务，不同承租人的租赁期间差异较大，短的不满 1 年，长的可达 10~20 年。乙公司是以服装销售为主营业务的零售企业，2022 年 12 月底，甲乙双方签订了商铺租赁合同。合同约定：甲乙双方的租赁期间为 20 年，乙公司前三年支付固定租金 20 万元 / 年（不含增值税），以后租金在上年租金的基础上增加 1.5%。甲公司将商铺核算为投资性房地产，并按照直线法确认收入，将租赁期间内的现金流量按照合同期间取平均值。

上述案例中的甲公司按照直线法确认收入，主要存在如下问题。

首先，商铺有可能增值，对应年度的租金会增加，使用直线法平均确认收入会导致各年名义租金收入完全一致。

其次，甲公司直接将合同现金流量相加，对于长达 20 年的租赁合同来说，货币时间价值不可忽视。

再次，承租人对租赁资产的使用强度和磨损各年并无差异，资产的消耗模式对收入确认无影响。

最后，甲公司投资性房地产成本是基于资产的历史建造成本，其租赁资产的营业成本——投资性房地产累计折旧各期均相等。虽然收入与成本有一定联系，但租赁收入主要是基于租赁资产的供需关系，着眼于租赁资产的现值或公允价值，与资产预期收益和折现值紧密相关，而与历史成本关系不大。

可见，出租方即甲公司按照直线法确认租赁收入，是无法反映租赁业务经济实质的，因此在合同公允的前提下，直接按照合同现金流量确认收入更恰当。与直接按照合同现金流量确认收入相比，按照直线法确认收入会存在将归属于未来收入的一部分提前到现在确认的问题，这在增加当期收入的同时，也增加了会计利润。并且，按照直线法确入收入会进一步导致企业所得税缴纳出现问题，即前期多缴纳企业所得税，后期少缴，虽然总体金额不变，但会造成企业资金压力与货币时间价值损失。

## 三、使用权资产转租并基于装修成本收取租金

在租赁业务（也包括其他各类经济业务）中，如果出租方在

一定期间内让渡了资产使用权，并获得了相应的货币资金流入，那么其中的租赁关系容易识别。但是，若双方以一种隐蔽的方式进行交易，其中的租赁关系则很难识别，这会影响整个经济业务的核算。

【案例 3-2】甲公司通过招投标的方式发包，对租赁的房屋进行装修改造，在改造期间将该区域的特许经营权授予乙公司，并与乙公司在协议中约定装修改造费用由乙公司承担，装修改造权归甲公司所有。改造结束后，甲公司作为建设单位参与竣工验收和竣工结算审计，并取得了装修改造的所有发票，向建筑装饰公司支付了工程款。甲公司会计分录如下：

借：应收账款——乙公司

贷：预付账款——建筑装饰公司

在本案例中，甲公司的会计处理只反映了乙公司替其承担了装修工程款，并没有完整地反映整个经济业务。甲公司只是将装修改造期间的部分区域租赁给乙公司使用，而乙公司需要按照装修费的金额支付租赁费。由于甲公司先从产权方租入了房屋，租赁业务涉及金额较大，租赁期间也长于一年，因此会涉及新租赁准则中使用权资产的核算。如果房屋是首次装修，甲公司需要将装修费用核算为使用权资产，这项费用是使租赁资产达到预定用途而发生的，由甲公司承担，可以资本化计入使用权资产。如果房屋是甲公司租赁之后的二次装修，后续租期不长，可以简化处理，通过"长期待摊费用"等科目核算，不调整使用权资产价值。

对于甲公司来说，其是在租赁资产改造期间内将房屋（甲公司的使用权资产）让与乙公司使用，这也属于租赁业务（甲公司转租业务）。甲公司取得的经济利益流入应该确认为租金收入，需要按照租赁期间分期确认收入。该项使用权资产为甲公司所控制，不会因为双方定价方法的差异而改变经济业务实质。甲公司不得因乙公司用支付装修费的方式来代替支付租金而不确认租金收入，其需要向乙公司开具租赁费发票并缴纳增值税。

与租赁收入相对应的成本，甲公司可以根据使用权资产的用途，将使用权资产累计折旧计入销售费用、管理费用、研发费用和制造费用等。当使用权资产转租时，使用权资产累计折旧应结转到营业成本，这一会计处理与企业将自有房产对外出租的会计处理类似。

对于乙公司来说，其支付的租赁费等于承担的装修费。由于装修的期间通常小于 1 年，因此可以不确认使用权资产，按照短期租赁进行核算即可。

## 四、租金减让及延长租期

对于长期租赁业务，我们可以很容易判断其是否适用新租赁准则。但是，经济业务的类型是丰富多样的，在一些情形下，双方的租赁关系并非像房屋租赁这样容易判断，需要财务人员识别一项综合业务中是否包含了租赁业务，或者某项业务是否属于租赁业务，企业是否必须确认使用权资产与租赁负债，租赁期间租金是否发生了变化。这些都会导致租赁业务的会计处理变得更为复杂。

【案例 3-3】A 广告公司租赁 B 公司公交候车厅用以发布广告，租赁期为 2017 年 8 月 1 日至 2022 年 7 月 31 日（共 60 个月），每年租金 120 万元。由于市场竞争加剧，A 公司经营出现困难。2019 年 2 月，A 公司与 B 公司签订补充协议，约定 B 公司减免 A 公司 2018 年 8 月 1 日至 2019 年 1 月 31 日期间 6 个月的租金，同时将租赁期延长了 6 个月，至 2023 年 1 月 31 日。

2021 年 4 月，B 公司下发减免租金的通知，减免 A 公司 2020 年 2 月到 2020 年 7 月共 6 个月的租金。2022 年 9 月，B 公司下发延长租赁期的协议，将租赁期延长 3 个月至 2023 年 4 月 30 日。A 公司财务人员有以下两点疑问。

（1）根据 B 公司向 A 公司签发的《租金减让特别规定》，A 公司在 2019 年 2 月，2021 年 4 月，每个月摊销的租金是按照补充协议里规定的减免租金开始日期计算，还是按照协议签署日期开始计算？2019 年 2 月签署补充协议后，重新计算租金是从 2018 年 8 月开始计算，还是从 2019 年 2 月开始计算？

（2）A 公司该部分租赁是否符合新租赁准则的要求，能否确认使用权资产及租赁负债？

针对上述财务人员的疑问，我们从以下两个视角进行分析。

## （一）变更时间点

案例中，B 公司对 A 公司一共进行了三次合同变更，并单方面给予优惠，原因是 A 公司经营出现了困难。除了最后一次，前两次合同变更都是对上一年的租金进行减免。减免租金和延长租赁期均属于新出现的情况，应该按照未来适用法进行调整，不需要追溯上年，即每月摊销的租金应按照补充协议签署日期开始计算。

此外，从经济业务的实质来看，B 公司减免 A 公司的租金，可能是因为 A 公司的经营出现了困难，已累积拖欠了较多的租赁费用。双方的租赁业务具有连续性，后续 A 公司仍然缺乏支付能力。B 公司之所以将减免租金的期间定为上期，主要原因是 B 公司对 A 公司已经拥有上一会计期间租赁业务的收款权力。如果直接减免还未发生的租金，即以后期间的租金，那么会出现"无偿使用"的问题，这样便动摇了双方的租赁合同关系。因此，B 公司以上期为标准减免租金，可以理解为是对未来租赁合同价格和期限条款的一种修正，这样不仅符合经济业务实质，也避免了后期进行追溯调整。

## （二）会计准则的适用性

根据新租赁准则第三条："本准则适用于所有租赁，但下列各项除外：（一）承租人通过许可使用协议取得的电影、录像、剧本、文稿等版权、专利等项目的权利，以出让、划拨或转让方式取得的土地使用权，适用《企业会计准则第 6 号——无形资产》。（二）出租人授予的知识产权许可，适用《企业会计准则第 14 号——收入》。勘探或使用矿产、石油、天然气及类似不可再生资源的租赁，承租人承租生物资产，采用建设经营移交等方式参与公共基础设施建设、运营的特许经营权合同，不适用本准则。"

可见，新租赁准则所排除的业务类型并不包含本案例的情况，租赁特定公交候车亭的广告发布位，可以认为是符合使用权资产和租赁负债的确认条件。

## 五、租赁负债的列报和披露

实务中，对于一年内到期的租赁负债的披露，有些财务人员不知该如何获取数据。一般来说，其他传统报表项目的重分类和披露较为容易获取数据，常见的有：预付的工程设备款等重分类到其他非流动资产；待抵扣进项税重分类到其他流动资产；长期借款一年内到期的本金重分类到一年内到期的非流动负债。但租赁负债的重分类却不能直接取得数据，需要结合各期租赁负债的计算表格分析填列。

【案例 3-4】2021 年 12 月底，甲公司与乙公司签订了租赁 A

设备的合同，约定甲公司每年年底需向乙公司支付当年租金1万元，租赁期为2022—2024年，共三年。甲公司按照其获得增量借款的资金成本，将租赁负债的折现率定为5%。由于每期租金1万元，折现率为5%，这相当于3期的等额年金，租赁负债的现值 =10 000×（P/A，5%，3）=27 232（元）。甲公司的租赁付款额现值如表3-1所示。

表 3-1　租赁付款额现值

单位：元

| 期数 | 折现率 | 租赁付款额 | 现值 |
|---|---|---|---|
| 1 期 | 95.24% | 10 000 | 9 524 |
| 2 期 | 90.70% | 10 000 | 9 070 |
| 3 期 | 86.38% | 10 000 | 8 638 |
| 合计 | | 30 000 | 27 232 |

在本案例中，我们假设甲公司是在年末支付租金，在租赁开始日并未预付租金，也未支付其他任何初始费用，故甲公司核算的使用权资产的初始入账价值等于甲公司租赁负债的现值。

由于在新租赁准则中确认使用权资产的通常是长期租赁业务（短期租赁可以不选择确认使用权资产），对应的租赁负债也涉及在未来若干年分期支付，故租赁负债属于一项长期负债。与长期借款类似，租赁负债也存在企业未来一年内需要支付的部分，这部分不属于长期负债，在财务报表中需要重分类为一年内到期的非流动负债。长期租赁负债在剔除一年内到期的租赁负债之后，剩余的部分列报为（长期）租赁负债。

甲公司 2022 年初的租赁负债余额为 27 232 元，本年计提利息 1 361.60 元，2022 年底支付租赁费用 10 000 元。故在 2022 年 12 月 31 日，甲公司的租赁负债现值合计为 18 593.60 元，但是对于其中的 10 000 元租赁负债，甲公司需要在 2023 年支付。由于这 10 000 元租赁负债未超过一个会计年度，因此应该作为流动负债核算，只不过其中也涉及折现的问题。可见，甲公司 2022 年 12 月 31 日的租赁负债余额合计为 18 593.60 元，第二年年末为 9 523.28 元，从而一年内到期的非流动负债的金额为两数之差 9 070.32 元。具体计算如表 3-2 所示。

表 3-2　租赁负债利息摊销计算

单位：元

| 报表日 | 租赁负债年初余额 | 利息 | 租赁付款额 | 租赁负债年末金额 |
|---|---|---|---|---|
| | ① | ② = ① × 5% | ③ | ④ = ① + ② - ③ |
| 2022 年 12 月 31 日 | 27 232.00 | 1 361.60 | 10 000.00 | 18 593.60 |
| 2023 年 12 月 31 日 | 18 593.60 | 929.68 | 10 000.00 | 9 523.28 |
| 2024 年 12 月 31 日 | 9 523.28 | 476.72 | 10 000.00 | —— |

## 六、使用权资产的税会差异

使用权资产和租赁负债是新租赁准则颁布与实施后新出现的财务报表项目，目前相关的纳税申报表并未做相应的变动与调整。对于承租人来说，不需要再区分融资租赁和经营租赁，除短期租赁和低价值资产租赁外，均需核算使用权资产和租赁负债，并参照固定资产的方法计提使用权资产累计折旧。

根据《中华人民共和国企业所得税法实施条例》(以下简称《企业所得税法实施条例》)第四十七条："企业根据生产经营活动的需要租入固定资产支付的租赁费，按照以下方法扣除：(一)以经营租赁方式租入固定资产发生的租赁费支出，按照租赁期限均匀扣除；(二)以融资租赁方式租入固定资产发生的租赁费支出，按照规定构成融资租入固定资产价值的部分应当提取折旧费用，分期扣除。"

按照新租赁准则，会计核算上需要计提使用权资产累计折旧和确认租赁负债利息支出，但税法上并没有针对租赁准则的变化做出相应的调整。也就是说，目前税法认可的可以在企业所得税税前抵扣的租赁费用与原租赁准则中的经营租赁(按照租赁期限均匀扣除租赁费用)一致，但与新租赁准则的核算要求有差异。总体来说，在租赁业务中，会计上计入当期损益的包括两部分，分别是使用权资产累计折旧和计提的财务费用——租赁负债利息支出，而税法上认可的金额仍是本期实际缴纳或按照租赁期间计算的平均租金。

【案例 3-5】沿用案例 3-4，甲公司确认使用权资产和租赁负债的会计分录如下：

借：使用权资产　　　　　　　　　　　　　　27 232

　　　租赁负债——未确认融资费用　　　　　　2 768

　　贷：租赁负债——租赁付款额　　　　　　　30 000

相关税会差异如表 3-3 所示

表 3-3　税会差异一览表

单位：元

| 期数 | 会计核算 | | | 税务抵扣额 | 纳税调整额 |
| --- | --- | --- | --- | --- | --- |
| | 折旧 | 利息支出 | 合计 | 租赁付款额 | |
| 1 期 | 9 077.33 | 1 361.60 | 10 438.93 | 10 000.00 | 438.93 |
| 2 期 | 9 077.33 | 929.68 | 10 007.01 | 10 000.00 | 7.01 |
| 3 期 | 9 077.33 | 476.72 | 9 554.06 | 10 000.00 | −445.94 |
| 合计 | 27 232.00 | 2 768.00 | 30 000.00 | 30 000.00 | 0 |

如表 3-3 所示，甲公司在按照新租赁准则确认使用权资产与租赁负债的情况下，每期摊销的未确认融资费用金额是下降的，由于使用权资产参考固定资产的会计处理方法，使用权资产账面价值一般保持不变，使用权资产累计折旧按照直线法计算也保持不变。甲公司每年租金保持不变，每年实际支付的租金与税法认可的可以在企业所得税税前扣除的租金一致。这最终导致会计口径影响利润的损益金额是计提的财务费用与使用权资产累计折旧合计数，它与税法认可的平均租赁费用并不相等。

甲公司在前两年需要进行纳税调增，最后一年则需要进行纳税调减。以下为甲公司第一年的具体会计处理及纳税调整方法，第二年还需计提递延所得税资产，第三年全部转回。

1. 会计核算

（1）计提使用权资产累计折旧时：

借：管理费用等——使用权资产累计折旧　　　　　　　9 077.33

贷：使用权资产累计折旧　　　　　　　　9 077.33

（2）摊销利息支出时：

　借：财务费用——租赁负债利息支出　　　　　1 361.60

　　　　贷：租赁负债——未确认融资费用　　　　　1 361.60

（3）确认可抵扣暂时性差异导致的递延所得税资产时：

　借：递延所得税资产——使用权资产

　　　　　　　　　　　　　　　（438.93×25%）109.73

　　　　贷：所得税费用——递延所得税费用　　　　109.73

2. 纳税调整

这个案例中，由于税务认可的可以在企业所得税税前抵扣的是 1 万元的租赁费，甲公司按照新租赁准则核算的使用权资产累计折旧和财务费用在企业所得税税前不可抵扣，故总体来说，需要纳税调增使用权资产累计折旧和财务费用的金额分别是9 077.33 元和 1 361.60 元，纳税调减的租赁费为 1 万元，合计调增 438.93 元。


对于与上述案例类似的纳税调整，实务中有两种处理方法：

一是直接将税会差异在《纳税调整项目明细表》（A105000）第 45 行"六、其他"中填列；

二是区分不同的项目分别做纳税调整，对于财务费用的税会差异，在《纳税调整项目明细表》（A105000）"二、扣除类调整项目（六）利息支出或（十七）其他"中填报。使用权资产累计折旧与租赁的金额在《资产折旧、摊销及纳税调整明细表》

（A105080）"四、长期待摊费用中的（五）其他"相应栏次填报。

由于纳税申报表并无使用权资产及其累计折旧的项目可供填报，因此需要财务人员采用排除法（如使用权资产明确不属于固定资产与无形资产）与兜底条款（填报在其他项目中）进行相对灵活的填报，以保证企业所得税缴纳的准确性。

## 七、提前终止租赁的税会处理

新租赁准则实施后，某些行业由于周期性下滑或业务调整等原因，在一定范围内出现了租赁合同解除和使用权资产终止确认的情况，下面通过案例对使用权资产终止确认的税会处理进行分析。

【案例3-6】甲公司与乙公司签订了牲畜养殖场租赁合同，合同约定乙公司将其养殖场租赁给甲公司，甲公司需预付一年租金1万元，并支付相当于一年租金的押金，如果甲公司提前退租，押金不予返还。租赁合同约定的租赁期间为五年。甲公司从租赁次年起每年年初支付一次租金，最后一期租金用押金抵扣，租赁业务的折现率为5%。

1. 初始计量

在租赁开始日之前，甲公司预付2年租金（包括抵扣最后一期租金的押金），合计为2万元。

使用权资产总额=预付2年租金+中间3年年金现值

$$=20\,000+27\,232=47\,232（元）$$

会计分录如下：

借：预付账款　　　　　　　　　　　　　　　20 000

　　贷：银行存款　　　　　　　　　　　　　20 000

借：使用权资产　　　　　　　　　　　　　　47 232

　　租赁负债——未确认融资费用　　　　　　　2 768

　　贷：租赁负债——租赁付款额　　　　　　30 000

　　　　预付账款　　　　　　　　　　　　　20 000

如果合同开始日才支付租金，那么将以上两笔分录合并即可。

2. 后续计量

（1）第一年计提使用权资产累计折旧：

使用权资产累积折旧 = 47 232 ÷ 5=9 446.40（元）

借：管理费用等——使用权资产累计折旧　　9 446.40

　　贷：使用权资产累计折旧　　　　　　　9 446.40

（2）摊销利息支出：

借：财务费用——租赁负债利息支出　　　　1 361.60

　　贷：租赁负债——未确认融资费用　　　1 361.60

（3）确认可抵扣暂时性差异导致的递延所得税资产：

递延所得税资产 =（10 808-10 000）×25% = 202（元）

借：递延所得税资产——使用权资产　　　　　　202

　　贷：所得税费用——递延所得税费用　　　　　202

由于甲公司的租赁费用在税务上允许按照直线法在企业所得税税前扣除，每期可扣除金额为 1 万元，而会计核算上影响损益的金额是折旧计提和利息摊销，两者合计金额为 10 808 元，会计口径的费用大于企业所得税税前可扣除的部分，甲公司需要进行纳税调增。

3. 提前终止租赁

假设第二年年初市场行情下滑，甲公司租赁的场区要终止租赁，但乙公司不予退还押金，则第二年租金可以不交。

未确认融资费用 =2 768–1 361.60=1 406.40（元）

借：使用权资产累计折旧      9 446.40

   租赁负债——租赁付款额    30 000.00

   资产处置收益       9 192.00

  贷：使用权资产        47 232.00

     租赁负债——未确认融资费用  1 406.40

同时，以前会计期间确认的递延所得税资产需要冲销。

# 第四章

# 股份支付

## 一、IPO 企业股份支付的税会问题

目前，股份支付已经成为上市公司激励员工的一种重要手段，越来越多的 IPO 企业实施了股份支付计划。根据 CSMAR 数据库的统计结果，2021 年 1 月 1 日至 2023 年 3 月 31 日，在 A 股进行申报的 IPO 企业有 79% 都披露了股份支付事项。

股份支付是企业 IPO 过程中无法回避的问题，在证监会发行监管部发布的《首发业务若干问题解答》中，就有关于股份支付的条款，可见股份支付在 IPO 中的普遍性和重要性。

### （一）会计核算方面

#### 1. 股份支付的背景

在企业发展过程中，尤其是高科技企业，对人才的依赖性很高，企业也都千方百计地提高对人才的吸引力，其中股份支付便是 IPO 企业普遍采用的一种方法。就激励的对象来说，股份支付主要面向高管层，目前以通过合伙企业间接持股较为普遍；就股份来源来说，主要有两个渠道，一是高管低价格增资入股，二是大股东低价向高管转让。当然，股权激励的对象不限于企业高管，还包括 IPO 过程中以各种途径进入的其他人员，如提供咨询服务的专业人士。按照证监会的解答，对于报告期内发行人向职工（含持股平台）、客户、供应商等新增股份，以及主要股东及其关联方向职工（含持股平台）、客户、供应商等转让股份，均应考虑是否适用《企业会计准则第 11 号——股份支付》。

### 2. 股份支付的性质

股份支付构成职工薪酬的一部分，与职工薪酬的处理具有一致性，需要计入成本费用。由于被激励对象往往是高管，因此股份支付费用主要计入管理费用。但是，股份支付是以权益工具的公允价值为计量基础，由《企业会计准则第 11 号——股份支付》来规范，并非由《企业会计准则第 9 号——职工薪酬》来规范。

IPO 过程中较难解决的是股份支付的估值问题，由于股份支付的核算可能会对企业的净利润造成很大的影响，因此若估值过高，尤其是营收较小的企业，很可能会导致不满足交易所制定的发行条件。另外，根据证监会的答复："对于报告期前的股份支付事项，如对期初未分配利润造成重大影响，也应考虑是否适用《企业会计准则第 11 号——股份支付》。"可见，提前布局股份支付对 IPO 企业意义重大。

提前布局股份支付具有以下两方面的优势：

第一，当时的企业估值一般较低，即使计算股份支付，企业确认的股权激励费用对利润的冲击也相对较小；

第二，股份支付主要发生在 IPO 申报期之前，相比之下，不在申报期内的事项受到的关注更少，企业主要考虑对期初未分配利润造成重大影响的股份支付事项即可。

### 3. IPO 企业股份支付中存在的主要问题

（1）企业实施股份支付较晚，股价估值较高，确认的股权激励费用过大。对 IPO 企业来说，引入机构投资者可能会带来双赢的结果。一方面，机构投资者通过投资优质 IPO 企业，在企业上市后获得较大的股权增值；另一方面，机构投资者的投资，不仅补充了企业的资金，还增强了其他投资者对企业发展的信心。如果企业实施股份支付计划过晚，通常已经有外部机构投资者进入，这些投资者一般按照公允价值进行投资，其价格是实施股份支付计划时股份公允价值的最佳参考。如果在机构投资者进入前后进行股份支付，这时确认的股权激励费用的金额会过高，从而对企业利润造成较大影响。如果在机构投资者入资之前较早地进行股份支付，由于股份没有市场参考价，股份支付的公允价值会有一定的弹性，可根据当时企业的发展情况、未来预期、同行业估值情况等进行估值，这时股权激励费用可能会低一些。

（2）未对股份支付进行会计核算。通常来说，企业确认一项成本费用是根据企业实际支付的资金（或其他资产），属于传统的"历史成本"计量，比较容易理解与识别。但是，股份支付会计核算的一个重要特点是存在一定的"虚拟性"，需要认定股份的"公允价值"，这就增加了会计核算的难度。实务中，不少财务人员都对股份支付的会计核算不熟悉，一些 IPO 企业也未进行相关的会计核算，未考虑股份支付对其会计利润的影响，这种现象较为普遍。

（3）持股平台设计不合理。很多企业在进行 IPO 时，管理层通常是首次主持上市工作，对如何进行股权激励并不熟悉，可能会出现设置的合伙企业协议条款不合理等问题，甚至不设立持股平台，由员工在上市主体直接持股。这种情况下，员工的入职和离职等会导致 IPO 企业的股权变动频繁。

### 4. 核算要求

一般来说，IPO 阶段的企业进行股权激励的行权条件与上市公司有着一定的差异，后者的条件可能更为严格。拟上市公司需要在吸引员工与降低股权激励成本之间取得平衡，行权条件不能太苛刻，否则会降低对员工的吸引力；行权价格也不能过低，以免确认的股权激励费用过高，对企业利润造成过大的影响。因此，设定服务年限和离职后丧失股权激励资格，股份被回购成了普遍现象。可以简单理解为，被激励对象在不离职的前提下，只要达到约定的服务年限（即等待期），便可以按照既定的价格购买股票。

当股份支付计划的条件是满足服务年限时，企业应该以授予日权益工具的公允价值为基础，并考虑被激励对象预计的行权数量，以此来确定股权激励成本，将当期应该分摊的股权激励成本计入相关的成本费用和资本公积（其他资本公积）；在随后年度的资产负债表日，企业应当根据最新取得的可行权职工人数变动等后续信息做出最佳估计，修正预计可行权的权益工具数量，用计算的累积成本费用扣除以前年度已经确认的成本费用，作为本期的成本费用。

【案例 4-1】甲科技股份有限公司（以下简称甲公司）为 IPO 企业，申报期为 2021—2023 年。为了稳定研发团队，激发研发人员的创新能力，甲公司在 2020 年末制订了股份支付计划，对 100 名核心研发人员进行股权激励。股份支付协议约定，以近期机构投资者的投资入股价格，即 50 元 / 股作为授予日股份公允价值，服务期为 3 年，期满后，被激励对象可以按照 25 元 / 股的价格购买 1 000 股。

甲公司第一年离职的研发人员为 10 人，2021 年 12 月 31 日，甲公司预计三年内离职研发人员的比例为 15%；第二年又有 10 名研发人员离职，甲公司将研发人员离职率修正为 25%；第三年离职研发人员为 5 人，三年累计有 25 名研发人员离职。表 4-1 为甲公司该项股份支付计划各期费用的计算情况。

表 4-1　股份支付计划各期费用计算表

单位：元

| 年度 | 计算公式 | 累计研发费用 | 当期研发费用 |
|---|---|---|---|
| 2021 | 100 × 1 000 ×（1-15%）× 50 × 1/3 | 1 416 666.67 | 1 416 666.67 |
| 2022 | 100 × 1 000 ×（1-25%）× 50 × 2/3 | 2 500 000.00 | 1 083 333.33 |
| 2023 | 75 × 1 000 × 50 | 3 750 000.00 | 1 250 000.00 |

相关会计分录如下。

（1）2021 年 12 月 31 日：

借：研发费用                        1 416 666.67

    贷：资本公积——其他资本公积        1 416 666.67

（2）2022 年 12 月 31 日：

借：研发费用                        1 083 333.33

    贷：资本公积——其他资本公积        1 083 333.33

（3）2023 年 12 月 31 日：

借：研发费用                        1 250 000.00

    贷：资本公积——其他资本公积        1 250 000.00

以 2021 年 12 月 31 日的会计核算为例，在计算公式 $100 \times 1\,000 \times （1-15\%）\times 50 \times 1/3$ 中，$100 \times 1\,000 \times （1-15\%）$ 为在整个服务期间内预计最终授予的股份总数；50 为授予日股份的公允价值；1/3 为本会计期间（1 年）占整个服务期（3 年）的比重。

目前，《企业会计准则第 11 号——股份支付》及应用指南均未提供官方案例，各类教材将计入成本费用的股权激励费用多按照股份的公允价值直接计算，本案例也遵循了这一传统做法，即直接按照 50 元 / 股来计算。但是，需要重点指出的是，员工获得的股票并非完全无偿，即未按照 0 元购买股票。在每个资产负债表日，只按照股票公允价值来计算，忽略了员工实际支付的部分，可能会造成计入成本费用的金额比企业实际负担的高。

## （二）税务处理

### 1. 企业所得税

根据《国家税务总局关于我国居民企业实行股权激励计划有关企业所得税处理问题的公告》（国家税务总局公告 2012 年第 18 号）："（一）对股权激励计划实行后立即可以行权的，上市公司可以根据实际行权时该股票的公允价格与激励对象实际行权支付价格的差额和数量，计算确定作为当年上市公司工资薪金支出，依照税法规定进行税前扣除。（二）对股权激励计划实行后，需待一定服务年限或者达到规定业绩条件（以下简称等待期）方可行权的。上市公司等待期内会计上计算确认的相关成本费用，不得在对应年度计算缴纳企业所得税时扣除。在股权激励计划可行权后，上市公司方可根据该股票实际行权时的公允价格与当年激励对象实际行权支付价格的差额及数量，计算确定作为当年上市公司工资薪金支出，依照税法规定进行税前扣除。"非上市公司以及境外上市的居民企业，可参考本公告对企业所得税进行处理。

### 2. 个人所得税

根据《财政部 国家税务总局关于完善股权激励和技术入股有关所得税政策的通知》（财税〔2016〕101 号）："非上市公司授予本公司员工的股票期权、股权期权、限制性股票和股权奖励，符合规定条件的，经向主管税务机关备案，可实行递延纳税政策，即员工在取得股权激励时可暂不纳税，递延至转让该股权时纳税；股权转让时，按照股权转让收入减除股权取得成本以及合理税费后的差额，适用"财产转让所得"项目，按照 20% 的税率计算缴纳个人所得税。上市公司授予个人的股票期权、限制性股票和股权奖励，经向主管税务机关备案，个人可自股票期权行权、限制性股票解禁或取得股权奖励之日起，在不超过 12 个月的期限内缴纳个人所得税。"

根据《国家税务总局关于股权奖励和转增股本个人所得税征管问题的公告》（国家税务总局公告 2015 年第 80 号）："股权奖励的计税价格参照获得股权时的公平市场价格确定，具体按以下方法确定：1. 上市公司股票的公平市场价格，按照取得股票当日的收盘价确定。取得股票当日为非交易时间的，按照上一个交易日收盘价确定。2. 非上市公司股权的公平市场价格，依次按照净资产法、类比法和其他合理方法确定。"

最后强调一点，由于企业对员工进行股份支付形成了成本费用，但员工尚未实际获得股份，实际成本尚未发生，属于费用计提的范畴，因此存在税会差异，企业需要做纳税调整：企业所得税纳税申报时调减费用，增加应纳税所得额；会计核算上要确认对应的递延所得税资产。

## 二、被激励对象放弃行权的会计处理

根据被激励对象在授予日是否存在等待期和是否可立即行权，股份支付的会计处理分为两类：存在等待期，不可立即行权的股份支付，需要等待满足股份支付计划设定的可行权条件后方可行权，在授予日不做会计处理；可立即行权的股份支付，需要在授予日按照权益工具的公允价值进行会计处理。对于存在等待期的情况，根据行权条件分为附服务年限的股份支付和附业绩条件的股份支付，后者要求被激励对象在服务期间内实现约定的业绩目标。

下面通过案例来说明被激励对象放弃行权的会计处理。

【案例 4-2】甲公司拟在创业板进行 IPO，申报期间提交的财务报表确定为 2018 年、2019 年、2020 年和 2021 年 1 月至 6 月，其适用的企业所得税税率为 25%。为了稳定高层管理人员，激发员工的创业积极性，甲公司于 2017 年底制订了股份支付计划，并最终通过董事会批准，股份支付授予日定为 2018 年 1 月 1 日，股份支付主要条款如下。

（1）被激励对象的确定

该公司股份支付计划的激励对象是公司副总经理级别及以上的高层管理人员，具体包括董事长、总经理、各位副总经理、研发总监、财务总监及市场营销总监，共计十人。

（2）股份来源及数量

股份来源：向被激励对象增发新股。

数量：向被激励对象每人授予不超过 1 万股股份，总数不超过十万股。

（3）限售期安排

本股权激励计划所授予的股份适用三年的限售期，被激励对象须在本公司工作不少于三年，若提前离职，则丧失股权激励资格，离职时由公司按照被激励对象投资入股成本价回购股份并注销。

（4）授予价

本股权激励计划的股份授予价为3元/股，专业机构对公司股份的估值为6元/股，并且在2017年底有外部投资机构按照此价格对公司实施了增资，股份授予价为公司股份公允价值的50%。

授予日，甲公司高管团队对公司前景较有信心，并全部足额认购了对其授予的股份数量。甲公司高管团队较为稳定，2018—2019年无高管离职，这两年甲公司的股票估值分别为7元/股和9元/股，分摊的股权激励费用按照《企业会计准则第11号——股份支付》的要求计入了相应年份的管理费用和资本公积，并就税法和会计的可抵扣暂时性差异确认了相应的递延所得税资产。2020年，受市场大环境影响，甲公司经营业绩不及预期，股票估值为4元/股，低于2017年的6元/股，被激励对象对公司未来的股价缺乏信心。该股份支付计划执行至第三年，在最终行权时，高层管理人员全部选择放弃行权，股份由甲公司回购并注销。由此形成了会计处理难题。

根据《企业会计准则第11号——股份支付》第二条："股份支付，是指企业为获取职工和其他方提供服务而授予权益工具或者承担以权益工具为基础确定的负债的交易。"企业对员工的股份支付费用与货币性工资一样，同样是构成职工薪酬的一部分，需要计入企业的成本费用。股份支付分为权益结算的股份支付和以现金结算的股份支付。以现金结算的股份支付虽然不是企业向被激励对象支付权益工具，但企业支付的现金或其他替代资产金额的确定仍是基于权益工具的价值，故以现金结算的股份支付也被称为现金股票。现金股票是对股票价格的模拟，企业向员工授予现金股票，能够向被激励对象支付可变金额的现金，将员工潜在的现金收入与企业经营业绩联系起来，更有利于激励员工。案例中的甲公司向被激励对象授予的是以权益结算的股份支付。

本案例的行权条件是规定了服务期，被激励对象需满足三年的服务年限方可行权。甲公司基于对自身情况和外部环境的考虑，其尚处于 IPO 阶段，对员工的吸引力和待遇一般不会高过同行业上市公司，所以未设置其他的业绩条件，只考虑服务年限，应当基于授予日股份公允价值和所授予的股份数量，按照各年度占比逐年确认股份支付的成本费用及资本公积；甲公司每个资产负债表日按照最新估计的可行权数量与初始公允价值计算累计确认成本费用，并扣除前期已经确认的成本费用，增量计入当期成本费用。

## （一）具体会计处理

本案例中的股份支付授予日为 2018 年 1 月 1 日，在授予日不可立即行权，所以甲公司不需要在授予日进行会计处理。2018—2019 年，该公司高管团队稳定，两年内无人离职，在

2018 年 12 月 31 日和 2019 年 12 月 31 日两个资产负债表日，需
要按照权益工具授予日的公允价值为基础，将取得的员工服务计
入成本费用和其他资本公积。实务中，对会计信息质量要求较高
的企业，需要按照月度确认股权激励费用，并按照归属对象将成
本费用分别计入管理费用、研发费用、销售费用等不同的科目，
为节省篇幅，本案例会计处理按照年度确认股权激励费用并计入
管理费用。

（1）2018 年 12 月 31 日，确认的股份支付费用为 100 000 元
［10 人 ×10 000 股 ×3 元（6-3）×1/3］。

借：管理费用——职工薪酬——股权激励费　　　100 000

　　贷：资本公积——其他资本公积　　　　　　　100 000

（2）2019 年 12 月 31 日，同样确认的一年的股份支付费用为
100 000 元［10 人 ×10 000 股 ×3 元 ×2/3-100 000 元］。

借：管理费用——职工薪酬——股权激励费　　　100 000

　　贷：资本公积——其他资本公积　　　　　　　100 000

（3）2020 年底，股份估值为 4 元，员工放弃行权，前期已
经确认的管理费用、资本公积不可以冲销。本案例中，高管已经
提供了第三年的服务，满足了股份支付计划中员工服务期限的条
件，只是因为股份价格在三年后的增值幅度低于当时的预期，被
激励对象对后续股份价格的增长缺乏信心，所以放弃行权。在
这种情况下，2020 年 12 月 31 日，企业还需要继续确认剩余的
股份支付费用，即 100 000 元［10 人 ×10 000 股 ×3 元 ×1-

200 000 元〕。

借：管理费用——职工薪酬——股权激励费　　　100 000

　　贷：资本公积——其他资本公积　　　　　100 000

股权激励费用会产生税法与会计之间的可抵扣暂时性差异，由于股份支付的费用在行权之前并没有实际支出，计入会计报表的股权激励费用减少了会计利润，会导致企业少交企业所得税。对此，企业在所得税纳税申报时需要做纳税调整，并调增应纳税所得额。

### （二）递延所得税资产的处理

根据《国家税务总局关于我国居民企业实行股权激励计划有关企业所得税处理问题的公告》（国家税务总局公告2012年第18号）："对股权激励计划实行后，需待一定服务年限或者达到规定业绩条件（以下简称等待期）方可行权的。上市公司等待期内会计上计算确认的相关成本费用，不得在对应年度计算缴纳企业所得税时扣除。在股权激励计划可行权后，上市公司方可根据该股票实际行权时的公允价格与当年激励对象实际行权支付价格的差额及数量，计算确定作为当年上市公司工资薪金支出，依照税法规定进行税前扣除。"

甲公司为非上市公司，在规范核算的前提下，股权激励费用的所得税税前扣除可以参照适用本政策。递延所得税资产的确认是按照预计可以税前扣除为前提确认的，则相应的会计处理如下。

（1）2018 年底，股价估值为 7 元 / 股。2018 年 12 月 31 日，企业需要确认的股份支付费用导致的递延所得税资产为 33 333 元 ［10 人 × 10 000 股 × 4 元（7-3）× 1/3）× 25%］。

借：递延所得税资产　　　　　　　　　　　　　　33 333

　　贷：所得税费用——递延所得税费用　　　　　　　　33 333

（2）2019 年 12 月 31 日，股价估值为 9 元 / 股，应该确认递延所得税资产为 66 667 元［10 人 × 10 000 股 × 6 元（9-3）× 2/3 × 25%-33 333］。

借：递延所得税资产　　　　　　　　　　　　　　66 667

　　贷：所得税费用——递延所得税费用　　　　　　　　66 667

（3）2020 年底，由于被激励对象放弃行权，前两年计入管理费用的股权激励费以后也不得在企业所得税税前抵扣，形成了永久性差异，已经不满足资产的定义。在不确认 2020 年递延所得税资产的前提下，企业还需要将前期确认的递延所得税资产全部冲减。在本案例中，到 2020 年底，虽然被激励对象放弃行权，但仍需确认股份支付费用，无须确认递延所得税资产。2020 年 12 月 31 日，冲减前期确认的递延所得税资产：

借：所得税费用——递延所得税费用　　　　　　　100 000

　　贷：递延所得税资产　　　　　　　　　　　　　　10 000

## （三）案例延伸分析

本案例是 IPO 企业的股份支付计划，其只设定了服务期间条件，假如是上市公司，或者其他 IPO 企业，则可能会设定业绩条件。为了增加案例的适用性和指导性，我们有必要延伸探讨设定业绩条件下的股份支付的会计处理。

业绩条件分为市场条件和非市场条件。《企业会计准则第 11 号——股份支付》应用指南给出的定义是，市场条件是指行权价格、可行权条件以及行权可能性与权益工具的市场价格相关的业绩条件，如股份支付协议中关于股价至少上升至何种水平才可行权的规定。非市场条件是指除市场条件之外的其他业绩条件，如股份支付协议中关于达到最低盈利目标或销售目标才可行权的规定。等待期长度确定后，业绩条件为非市场条件的，如果后续信息表明需要调整等待期长度，应对前期确定的等待期长度进行修改；业绩条件为市场条件的，不应因此改变等待期长度。对于可行权条件为业绩条件的股份支付，在确定权益工具的公允价值时，应考虑市场条件的影响，只要员工满足了其他所有非市场条件，企业就应当确认已取得的服务。

简单来说，市场条件是权益工具自身的市场价格表现，非市场条件是采用排除法定义的，除市场条件以外的情况都是非市场条件，授予日后股份支付费用的确认不受市场条件影响。非市场条件主要属于企业财务报表的层面，利润和收入等的实现与被激励方对企业的贡献息息相关，如果未实现非市场条件，可以认为被激励对象工作绩效低，不应该向其支付超过其贡献的薪资（包括股份支付的部分）。市场条件是与权益工具价格相关的，虽然从理论上讲股份市值是未来无限期股利的现值之和，而股利支付取决于收入和利润等非市场条件，但实际权益工具价格的波动不是简单按照这个理论可以解释的，其影响因素较多。

本案例中，如果甲公司在制订股份支付计划时约定了业绩条件中的非市场条件，如对企业三年累计收入有要求。前两年都预测三年的合计收入能够满足业绩要求，并在前两年确认了股份支付费用；第三年由于市场原因，收入大幅度下滑，业绩不达标，前期确认的股权激励费用要进行冲销；但在年度终了之前，甲公司预判全年业绩难以实现，而主动提前终止股份支付计划。针对这种情况，实务中存在两种观点，即分别按照股份支付计划作废或取消进行会计处理。如果是作废，则相当于业绩不达标，可冲销以前确认的股权激励费；如果是取消，则应按照加速行权处理，继续确认股份支付费用。

本书认为，对企业主动取消股份支付，应该按照加速行权来考虑，并要根据假定不取消股份支付计划时，未来能够满足可行权条件的权益工具数量进行会计处理。原因有二：一是会计准则层面并无取消和作废股份支付计划适用不同会计处理方法的规定；二是如果取消股份支付计划可以对前期计提期权费用进行冲销，则可能会出现较多的会计操纵。

## 三、股份回购义务的确认

被激励对象最终能否获得被授予的股票，通常需要满足一定的条件，授予之后可以立即行权的情况较为少见。按照股票的发行时点，股权激励可以分为两类：一类是在被激励对象满足了行权条件之后，才通过大股东转让或新发行股票的方式，将股票转让给被激励对象，在这类情形下，最终的股权激励数量是确定的；另一类是在股权激励计划伊始，被激励对象便暂时获得了股票，但是其持有股票的权力受到了限制，如果不满足行权条件，企业需要对授予的股票进行回购。

【案例 4-3】甲科技股份有限公司（以下简称甲公司）是一家 IPO 企业，以成立员工持股平台的形式对员工进行股权激励，该持股平台于 2016 年设立，合计持有甲公司 500 股股份，由甲公司在当年发行。其中 400 股已由符合股权激励条件的员工持有，另外 100 股由实际控制人 A 持有，用于后续符合条件员工的股权激励。该员工持股计划的等待期为 5 年，公司预计于 2021 年提交 IPO 申报材料。2017 年，1 名员工离职，其持有的 5 股由甲公司实际控制人 A 回购，2017 年底，实际控制人 A 持有 105 股；2018 年，甲公司再次对部分员工进行股权激励，共 30 股，直接由实际控制人 A 转让给被激励的员工，2018 年底，A 持有 75 股；2019 年，有几名员工离职，其持有的 15 股由实际控制人 A 回购，同年又对部分职工进行股份支付，共 50 股，2019 年底，A 持有

40股。公司IPO成功后，甲公司按照持股平台的原始注资价格对实际控制人A持有的剩余股份进行了回购和注销。

针对上述操作，某审计项目经理进行了分析，并提出疑问。

（1）按照限制性股票的账务处理方式，公司需要就回购义务确认负债。虽然回购义务由实际控制人A承担，但实际控制人A持有员工持股平台股份的目的是甲公司对员工进行股份支付，可以理解为代持，这种情况下与甲公司直接进行股份支付和回购并无本质区别，甲公司仍需就回购义务确认负债。

（2）上述案例中，如果未约定企业IPO成功后对实际控制人A持有的剩余股份的处理方式，如注销或用于后续继续进行股份支付，那么对上述（1）的结论是否会有影响？

在上市公司实施限制性股票的股权激励中，常见做法是公司以非公开发行的方式向激励对象授予一定数量的公司股票，并规定锁定期和解锁期，在锁定期和解锁期内，不得上市流通及转让。达到解锁条件的，可以解锁；如果全部或部分股票因未被解锁而失效或作废，那么通常由上市公司按照事先约定的价格立即回购。未达到限制性股票解锁条件而需回购的股票，按照应支付的金额，借记"其他应付款——限制性股票回购义务"等科目，贷记"银行存款"等科目。同时，按照注销的限制性股票数量相对应的股本金额，借记"股本"科目；按照注销的限制性股票数量相对应的库存股的账面价值，贷记"库存股"科目；按其差额，借记"资本公积——股本溢价"科目。

上市公司达到限制性股票解锁条件而无须回购的股票，按照解锁股票相对应负债的账面价值，借记"其他应付款——限制性股票回购义务"等科目；按照解锁股票相对应的库存股的账面价值，贷记"库存股"科目；如有差额，借记或贷记"资本公积——股本溢价"科目。可见，如果是公司承担了股份回购的义务，则需要对股份回购义务进行核算。如果是股份在持股平台内部互相转换，那么只是股东层面的股份变化，而且是股东的股东（众多员工——持股平台——IPO公司）之间的股份变化，对此进行股权激励的公司并不承担任何回购义务。

在 IPO 中，有些大股东会将自己的部分股份转到持股平台，并根据员工的离职和入职情况进行转让和回购。这实际是被动地吸入和转让股份，一般不是以激励为目的，大股东增减股份时不确认对大股东的股份支付费用。但若类似于本案例，涉及公司回购平台中 A 股东的剩余股份，就需要确认回购义务。总之，是否确认回购义务，需要基于发行股份的公司是否承担了回购义务。

## 四、实际控制人回购离职员工所持股份

员工持股平台具有灵活性的优点，目前股权激励更多的是以持股平台为载体，而企业大股东（经常承担企业的实际管理工作）也往往担任持股平台的普通合伙人，离职员工通常需要将股份转让给大股东，这也可能涉及又一次对大股东实施股权激励。

【**案例 4-4**】甲公司实际控制人 A 将部分股份以 1 元 / 股的价格转让给员工持股平台（实际控制人 A 为该平台普通合伙人）。持股平台合伙协议中未约定服务期限，但约定"员工因特定行为而退出股权激励计划（如因存在违反公司利益的行为导致被开除），必须将股份以 1 元 / 股的成本价转让给实际控制人 A 或其指定的第三方"。在实际控制人 A 将股份转让给持股平台中的员工时，一次性进行了股份支付处理。两年后，持股平台中的员工 B 因为"吃回扣"而被开除，其将持有的股份以 1 元 / 股的价格转让给实际控制人 A，此时公司股份公允价值较高，且高于实际控制人 A 转让给持股平台时的公允价值。

某审计项目经理有如下疑问。

（1）对于回购员工 B 的股份，如果实际控制人 A 回购后自己持有，不计划转让给其他员工，那么回购时是否需要按照股份支付处理？

（2）如果离职员工 B 将股份转让给实际控制人 A 指定的第三方 C，且 C 受让后自己持有，那么是否需要就该股份转让行为确认股份支付费用？

财政部 2021 年发布的《股份支付准则应用案例——实际控制人受让股份是否构成新的股份支付》规定："普通合伙人受让有限合伙人股份后，不享有受让股份对应的投票权和股利分配等受益权，且其必须在约定的时间、以受让价格将受让股份再次分配给员工持股平台的合伙人，上述事实表明普通合伙人未从受让股份中获得收益，仅以代持身份暂时持有受让股份，该交易不符合股份支付的定义，不构成新的股份支付。"文件精神还是着重业务的经济实质，是否属于股份支付，客观上要看接受股份的员工是否基于其所提供服务而获得了股份支付。对于该项目经理的疑问（2），若第三方C获得了股份支付，则应该确认股份支付费用。

大股东回购的股份是否确认股份支付费用，需要分情况来看。如果是大股东将自己原来的股份转到持股平台用于员工激励，员工离职后大股东回购，再很快转让给其他员工，那么一般认为不构成股份支付。因为大股东是被动回购股份，可能暂时没有其他合适的被激励对象。另外，在这种情况下，即使大股东长期持有，并获得了股票收益，在大股东转让到持股平台股份的数量范围之内，也不应该确认为股份支付，但若超出其原转让至持股平台的部分，则属于股份支付行为。

## 五、用于股权激励的各类持股平台优劣对比

对于IPO企业来说，持股平台已成为企业对核心员工进行股权激励的一个常见组织形态。目前能够作为持股平台，承担股权激励职能的组织主要有三类：自然人直接持股，通过合伙企业间接持有公司股权，通过有限责任公司间接持股。这三类持股平台各有利弊。

### （一）税负对比

通过三类持股平台对核心员工进行股权激励，相关的税负对比如表 4-2 所示。

表 4-2　三类持股平台的税负对比

| 项目 | 自然人直接持股 | 通过合伙企业间接持有公司股权 | 通过有限责任公司间接持股 |
|---|---|---|---|
| 分红 | 按"利息、股息、红利所得"应税项目计缴个人所得税，税率为 20% | （1）自然人合伙人，按"利息、股息、红利所得"计缴个人所得税，税率为 20%<br><br>（2）法人合伙人，应确认股息、红利所得，按适用税率计缴企业所得税 | 应确认股息、红利所得，按适用税率计缴企业所得税。若为符合条件的居民企业之间直接投资分配的股息红利，可享受免税优惠。若最终个人股东想取得这部分收益，须再按 20% 税率缴纳个人所得税 |
| 股权转让 | 应纳个人所得税额 =（收入 - 原值 - 合理税费）× 20% 税率 | （1）自然人合伙人，按"经营所得"应税项目 5%~35% 税率计缴个人所得税<br><br>（2）法人合伙人，按"转让财产所得"计征企业所得税，该所得不可用于弥补亏损。若股东个人想取得这部分收益，须再按 20% 税率缴纳个人所得税 | 同合伙企业中的法人合伙人。若转让上市公司股权，则合伙企业、有限责任公司需按"金融商品转让"税目，6% 税率或 3% 征收率计缴增值税，个人从事金融商品转让业务免征增值税 |

（续表）

| 项目 | 自然人直接持股 | 通过合伙企业间接持有公司股权 | 通过有限责任公司间接持股 |
|---|---|---|---|
| 清算 | 按"财产转让所得"应税项目计缴个人所得税，税率为20%<br>依据：国家税务总局公告2011年第41号 | （1）自然人合伙人：按"经营所得"应税项目5%~35%税率计缴个人所得税<br><br>（2）法人合伙人：取得清算所得，并入公司利润总额，按适用税率计缴企业所得税。"转让财产所得"计征企业所得税，该所得不可用于弥补亏损 | （1）属于被清算企业留存收益的部分，应确认为股息所得，按适用税率计缴企业所得税，若为符合条件的居民企业之间的股息红利等，可享受免税优惠<br><br>（2）减除股息所得后的余额，超过或低于投资成本的部分，应确认为投资转让所得或损失，按适用税率计缴企业所得税。该所得可用于弥补亏损。若股东个人想取得该部分收益，须再按20%税率缴纳个人所得税 |

## （二）案例分析

非自然人形式的持股平台所获得的收益，最终需要分配给自然人。下面我们以案例的形式测算最终股东为自然人的税负大小。

### 1. 分红

【案例 4-5】某股东初始投资成本是 20 万元，第一年即获得利润分配 100 万元，在这种情况下，其税后收入如下。

（1）自然人直接持股

税后收入 =100×（1-20%）=80（万元）

（2）通过合伙企业间接持有公司股权

自然人合伙人：税后收入 =100×（1-20%）=80（万元）

法人合伙人：税后收入 =100×（1-25%）=75（万元）

（3）通过有限责任公司间接持股

居民企业间：免税。

若自然人股东提取：税后收入 =100×（1-20%）=80（万元）

### 2. 股权转让

【案例 4-6】某股东转让其持有的某公司股权，获得收益 100 万元，通过不同持股平台获取税后所得的计算如下（暂不考虑其他费用）。

（1）自然人直接持股

税后所得 =100×（1-20%）=80（万元）

（2）通过合伙企业间接持有公司股权

自然人合伙人：税后所得 =100×（1-35%）+1.4750=66.475（万元）。这里要按照个人所得税的五级超额累进税率计算，其中 35% 为税率，1.4750 为速算扣除数。若为上市公司股份，还需要缴纳增值税，税后所得 =66.475×（1-6%）=62.49（万元）。

法人合伙人：税后所得与通过有限责任公司间接持股的税后所得相同。

（3）通过有限责任公司间接持股

税后所得 =100×（1-25%）=75（万元）

若自然人股东提取：税后所得 =75×（1-20%）=60（万元），其中，如果标的股票为上市公司股票，还需额外缴纳增值税，最终所得 =60×（1-6%）=56.4（万元）。

### 3. 清算

【案例 4-7】某股东初始投资成本是 20 万元，该公司清算后，剩余资产价值 120 万元，其中累计未分配利润和累计盈余公积合计 60 万元，通过不同持股平台获取税后所得的计算如下（暂不考虑其他费用）。

（1）自然人直接持股

$$税后所得 =60×（1-20\%）+（120-60-20）×（1-20\%）$$
$$=80（万元）$$

（2）通过合伙企业间接持有公司股权

自然人合伙人：税后所得 =60×（1-20%）+（120-60-20）×（1-35%）+1.4750=75.48（万元）。

法人合伙人：税后所得与通过有限责任公司间接持股的税后所得相同。

（3）通过有限责任公司间接持股

税后所得 =60+（120-60-20）×（1-25%）=90（万元）

若自然人股东提取：税后所得 =90×（1-20%）=72（万元）。

### （三）结论及建议

通过以上案例与计算可知，自然人直接持股的税负是最低的。另外，根据《财政部 国家税务总局关于完善股权激励和技术入股有关所得税政策的通知》（财税〔2016〕101 号）："非上市公司授予本公司员工的股票期权、股权期权、限制性股票和股权奖励，符合规定条件的，经向主管税务机关备案，可实行递延纳税政策，即员工在取得股权激励时可暂不纳税，递延至转让该股权时纳税；股权转让时，按照股权转让收入减除股权取得成本以及合理税费后的差额，适用'财产转让所得'项目，按照 20% 的税率计算缴纳个人所得税。

股权转让时，股票（权）期权取得成本按行权价确定，限制性股票取得成本按实际出资额确定，股权奖励取得成本为零。"

可以看出，股权激励如果要享受个税递延纳税政策，应该是直接对员工进行股权激励，被激励对象直接持有标的公司股权，如果通过合伙企业等进行股权激励，则属于间接持有，可能不允许递延纳税。

享受递延纳税政策的非上市公司股权激励（包括股票期权、股权期权、限制性股票和股权奖励，下同）须同时满足以下条件。

（1）属于境内居民企业的股权激励计划。

（2）股权激励计划经公司董事会、股东（大）会审议通过。未设股东（大）会的国有单位，股权激励计划须经上级主管部门审核批准。股权激励计划应列明激励目的、对象、标的、有效期、各类价格的确定方法、激励对象获取权益的条件和程序等。

（3）激励标的应为境内居民企业的本公司股权。股权奖励的标的可以是技术成果投资入股到其他境内居民企业所取得的股权。激励标的股票（权）包括通过增发、大股东直接让渡以及法律法规允许的其他合理方式授予激励对象的股票（权）。

（4）激励对象应为公司董事会或股东（大）会决定的技术骨干和高级管理人员，激励对象人数累计不得超过本公司最近六个月在职职工平均人数的30%。

（5）股票（权）期权自授予日起应持有满三年，且自行权日起持有满一年；限制性股票自授予日起应持有满三年，且解禁后持有满一年；股权奖励自获得奖励之日起应持有满三年。上述时间条件须在股权激励计划中列明。

（6）股票（权）期权自授予日至行权日的时间不得超过十年。

（7）实施股权奖励的公司及其奖励股权标的公司所属行业均不属于《股权奖励税收优惠政策限制性行业目录》范围。公司所属行业按公司上一纳税年度主营业务收入占比最高的行业确定。

基于以上分析可知，如果完全出于对个人股东利益的考虑，对其直接进行股权激励，由自然人直接持有企业的股票，比通过合伙企业或有限责任公司间接持有股权更有优势。但是，这不意味着通过自然人直接持股对公司是最佳选择，由大量的自然人直接持股会造成公司股权管理较为混乱，增加管理难度。另外，通过以上案例的测算可知，有限责任公司作为持股平台，分配到自然人股东时的综合税负也较高，且有限责任公司的组织形式不如合伙企业灵活。所以，在实务工作中，越来越多的企业选择成立合伙企业作为持股平台。

通过合伙企业间接持有股权，主要具有如下优势。

（1）股权结构更清晰。股权激励计划中，被激励的员工数量通常较多，如果直接由自然人持股，将导致公司的股权结构不清晰，而将大量小股东集中放到持股平台，股权结构会比较清晰。被激励对象越多，股东退出和加入就会越频繁，如果都直接作为上市主体的股东，公司需要频繁变动股东信息，公司的历史沿革和工商档案会变得更加复杂。如果通过合伙企业实施股权激励，员工离职后将其所持的股权转让给合伙企业的普通合伙人，合伙企业对公司的持股比例保持不变，公司也不需要变更工商信息。

（2）更易于稳定员工。不同类别的股东可以转让股票的时间并不相同，对于 IPO 企业来说，如果由自然人股东直接持股，公司成功上市后小股东更容易变现和离开公司，这与公司激励员工，希望员工长期就职的意愿相悖。相比之下，合伙企业转让股票的要求更高，通过合伙企业实施股权激励也有利于稳定员工。

（3）享受税收优惠。通过合伙企业持股的税负相对较低，此外，不同的地区可能会针对合伙企业制定一些地区性税收优惠政策。

第五章

# 长期股权投资

## 一、长期股权投资重大影响的判断条件

实务中，很多财务人员不清楚本公司的长期股权投资能否对被投资方产生重大影响，导致本应该按照权益法核算的长期股权投资，按照成本法核算为可供出售金融资产（原金融工具准则）或其他权益工具投资（新金融工具准则）。这种会计差错具有一定的普遍性，造成的影响也较大。

重大影响是指投资方对被投资单位的财务和经营政策有参与决策的权力，但并不能够控制或者与其他方共同控制这些政策的制定。投资方对被投资企业是否具有重大影响，需要综合考虑。《企业会计准则第 2 号——长期股权投资》应用指南给出了以下五种存在重大影响的情形。

（1）在被投资单位的董事会或类似权力机构中派有代表。在这种情况下，由于在被投资单位的董事会或类似权力机构中派有代表，并相应享有实质性的参与决策权，投资方可以通过该代表参与被投资单位财务和经营政策的制定，达到对被投资单位施加重大影响。

（2）参与被投资单位财务和经营政策制定过程。这种情况下，在制定政策过程中可以为其自身利益提出建议和意见，从而可以对被投资单位施加重大影响。

（3）与被投资单位之间发生重要交易。有关的交易因对被投资单位的日常经营具有重要性，进而在一定程度上可以影响到被投资单位的生产经营决策。

（4）向被投资单位派出管理人员。在这种情况下，管理人员有权力主导被投资单位的相关活动，从而能够对被投资单位施加重大影响。

（5）向被投资单位提供关键技术资料。因被投资单位的生产经营需要依赖投资方的技术或技术资料，表明投资方对被投资单位具有重大影响。

通过对上述情形进行分析可知，投资方对被投资企业具有重大影响的表现形式是多样化的，不局限于某一特定的形式。在判断投资方是否具有重大影响时，需要秉持的基本原则是"实质重于形式"。财务人员需要深入了解投资双方的合作关系，准确识别投资方对被投资方是否具有重大影响。例如，即使投资方未派出董事，无法通过董事会的渠道来影响被投资方的重大决策，但其控制了被投资方经营活动所需的关键技术，能够通过这个替代渠道实现对被投资方的重大影响。

实务中，财务人员出现判断错误的原因通常是只看持股比例，例如，认为在投资方持股比例低于20%的情况下，对被投资方不具有重大影响。判断长期股权投资是否对被投资方具有重大影响，一般可以通过投资协议条款来识别。由于投资协议是各投资方利益的保障，是各方协商和妥协的结果，因此对各股东方的权利与义务都有明确的约定。一般来说，协议中会注明各股东持股比例，以及某股东是否可以委派董事。如果各股东持股较为分散，即使股东持股比例低于20%，也可能对被投资单位产生重大影响。尤其值得关注的是投资方参与新设公司的情况，股东在新设阶段便参与投资的，即使持股比例较低，也可能对被投资单位具有重大影响，需要财务人员做出恰当的判断。另外，还需注意的是，判断投资方对被投资单位是否具有重大影响中的"派出董事"条件是指派出权利，投资方即使未实际派出董事，只要拥有派出权，也认为是对被投资单位具有重大影响。

## 二、"对赌协议"对股权投资成本核算的影响

在并购重组业务中，由于信息不对称的存在，购买方会担心资产价值低于其购买成本，倾向于压低股权转让方的报价。股权转让方则可能认为公司未来前景较好，股权价值较高，购买方的出价太低。双方的矛盾可以通过签订对赌协议来缓解，由股权转让方对标的公司的未来经营绩效进行担保。如果标的公司未来能够实现约定的业绩，则购买方向股权转让方支付高的价格，否则

支付低的价格，即根据标的公司未来的实际绩效调整股权转让价格。如果运用得当，对赌协议是实现双方公平交易的一个有效工具。

对赌协议在目前的资本市场中很常见，因为对业绩进行承诺能够保护双方的利益，具有一定的合理性。但是，其中会存在一些会计核算问题，突出表现在对"可变对价"的会计处理上。交易双方根据对赌协议中约定的标的公司未来经营绩效的实现情况，对最终的股权交易价格进行修正，这构成了长期股权投资会计核算中的一项"可变对价"。"可变对价"经常被企业财务人员所忽视，尤其容易出现在投资方对被投资单位非企业合并的交易中（投资方能够对被投资单位产生重大影响和不存在重大影响等情况）。如果投资方购买的股权比例等条件能够达到企业合并的要求，这类交易通常对投资方影响更大，涉及的金额也较高，为减少会计差错，企业可能会将相关业务委托给专业机构。

## （一）会计处理

在股权转让协议中，业绩承诺条款一般会约定，原股东对标的公司扣除非经常性损益后的净利润额进行保证。如果低于约定金额，标的公司原股东需要按照实际金额与约定金额之差乘以约定的市盈率倍数进行现金返还。当然，具体的业绩承诺条款各不相同，如标的公司原股东取得的是收购方的股权（购买方用其股权进行支付，标的公司原股东成为购买方的股东），可能会被要求返还一定数量的股份。以上所述的业绩承诺条款相对来说比较普遍，下面以此为例进行展开说明。

根据《企业会计准则第 20 号——企业合并》（以下简称企业合并准则）："在合并合同或协议中对可能影响合并成本的未来事项作出约定的，购买日如果估计未来事项很可能发生并且对合并成本的影响金额能够可靠计量的，购买方应当将其计入合并成本。"重大影响等未达到控制的股权投资的初始投资成本的处理方式，实际上与企业合并中需要考虑"未来事项"对企业合并成本影响的要求相同，即企业在投资时需要考虑或有支付条款的影响，并调整长期股权投资的账面价值。

"可变对价"与标的公司未来的经营绩效密切相关，随着标的公司未来经营绩效对承诺业绩的偏离而增减，故交易双方还需要对"可变对价"进行后续计量。除符合权益工具定义的股权返还以外，对于购买方确认的未来支付义务或获取现金或其他资产返还的权利，须确认为负债或资产。股权转让方需要返还可变金额的现金或股权的，应按照以公允价值计量及其变动计入当期损益的金融资产或负债进行核算，将公允价值变动计入当期损益。

或有支付条款产生的原因是双方在股权转让过程中对股权转让价款的妥协，转让方认为股权价值高，投资方则认为标的公司未来业绩具有不确定性，价值未必如转让方所说。这时需要用未来业绩的实现来证明股权价值，企业在核算长期股权投资成本时就要将或有支付考虑进来，计入长期股权投资成本。"可变对价"的日后变动不调整长期股权投资成本，但是对企业合并成本，需要按照企业合并准则的要求，考虑未来 12 个月的价值变动，如果是新发生的情况，则不调整合并成本。也就是说，企业在对长期股权投资进行初始计量时，已经充分的考虑和利用了当时已有相关信息对投资成本的影响，并恰当计量了股权投资的入账价值。后续发生的新事项即使导致了"可变对价"的变动，需要投资方增减投资成本，也不再改变其长期股权投资的成本，而是将其计入当期损益。

### （二）税务处理

如果股权转让方是公司，在以后年度收到实现业绩承诺的款项或者返还业绩承诺未实现的股权转让款时，可以将其计入或冲减企业当期的投资收益，缴纳或抵扣当期企业所得税。由于企业所得税计算的是综合收入，以前的亏损可以在本期抵扣，因此对其影响通常较小。

如果股权转让方是个人股东，情况要复杂得多，个人所得税按年度计算和缴纳，存在单项计税与合并计税两种方式。在目前的税法框架下，个人需要就其工资、薪金所得，劳务报酬所得，稿酬所得和特许权使用费所得合并纳税，股权转让所得（属于财产转让所得）须单项申报。个人转让股权，个人股东的转让净额按照财产转让所得缴纳了个人所得税，后期业绩承诺未实现，需要返还股权转让款时，各地税务局的规定可能存在差异，会对个人股东的税负造成一定影响。例如，一些税务局认为上述情况应该按照两次交易看待，不会退还个人股东以前年度缴纳的个人所得税，而有些税务局则认可个人股东后期的返还股权转让款是前期股权转让的延续。

针对上述问题，在涉及此类业务时，股权交易双方可以从两方面采取措施：一方面，股权转让方需要咨询当地税务局，明确其是否认同前后的两次支付为一个完整的股权转让业务；另一方面，交易双方可以在签订对赌协议时，对业绩承诺实现与否的款项支付方式进行优化。如果标的公司达成约定业绩，购买方需向标的公司原股东进行奖励，而不是先按照高估值金额支付给个人股东款项，后期达不到约定业绩后，个人股东再返还款项。股权转让款返还可能会导致个人转让股权时缴纳的个人所得税较多，若后期业绩未实现，个人股东在退还股权转让款时，对应的已缴税金是无法退还的。

## 三、投资比例达到 49% 是否纳入合并财务报表

对于母公司通过新设的方式成立全资子公司或绝对控股子公司等情形，财务人员通常可以明确判断出投资方对被投资单位拥有控制权，应该被纳入合并范围内。如果投资方对被投资单位的持股比例低于 51%，未能绝对控股，那么投资方能否对被投资单位实施控制，是否应该将被投资单位纳入投资方合并财务报表中，需要根据相关信息进行综合判断。

【案例 5-1】甲公司、丙公司和丁公司投资创办了乙公司，其中甲公司持股比例为 49%。目前股东尚未对乙公司实际注资，甲

公司对乙公司重要经营业务拥有决策权，乙公司已经开始正常经营。甲公司财务人员有如下疑问。

（1）甲公司编制合并财务报表时是否应该把乙公司纳入进来？

（2）如果将乙公司纳入合并范围内，是将乙公司资产负债表和利润表的全部数据计入甲公司财务报表，还是按照甲公司对乙公司的持股比率计入？

实务中，投资方对于是否应该将某家被投资单位纳入合并范围内，或者判断对其是否具有控制权，过去通常只是简单地看持股比率，即，如果占到被投资单位的51%，就认为应该将该被投资单位纳入合并范围内。但是，随着经济的发展，有时这样简单地看待问题会出现差错。例如，有些互联网创业者，其持股比例与投票权比例不一致，他们可以用比较低的持股比例实现对企业的控制。在此类背景下，仅按照持股比例来判断是否对被投资单位具有控制权就不合适了。另外，有些公司出于某些目的，会特意将持股比例定为49%，以规避合并的要求。

当然，49%持股最常见的情况是被投资单位股东较多，股权较为分散，持有49%股权的企业已经是绝对的大股东。所以，投资方是否合并被投资方，关键要看是否能够控制被投资单位，是否享有可变回报等条件，而不能局限于持股比例。

在具有控制权的前提下，合并方持股比例的高低对编制合并财务报表的方法没有影响，其只会影响合并财务报表中少数股东权益金额的大小。根据我国企业会计准则的规定，如果母公司能够对子公司实施控制，则将子公司全部纳入合并财务报表中；如果投资方对被投资单位具有重大影响，则按照权益法来核算，这时才会涉及将被投资单位的净利润等按照股东方所持份额来核算的情况。

对于本案例，乙公司（被投资单位）还没有被注资就开始经营，在这种情况下，通常是通过其他应收款等债权形式出资，否则被投资单位无资金去开展经营。因此，本案例并不涉及母公司的长期股权投资与子公司所有者权益之间的抵销，需要抵销的是母公司的其他应收款和子公司的其他应付款，最终合并财务报表所呈现的结果就是母子公司整体的一笔银行存款转化为具体的资产、费用。

【案例 5-2】沿用案例 5-1，若甲公司（母公司）给乙公司（子公司）拨了 100 万元用于乙公司的日常经营，则双方的会计分录如下。

（1）甲公司向乙公司拨款 100 万元时：

借：其他应收款——乙公司       1 000 000

  贷：银行存款           1 000 000

（2）乙公司收到 100 万元时：

借：银行存款            1 000 000

  贷：其他应付款——甲公司       1 000 000

（3）甲公司在编制合并财务报表时需要编制的抵销分录为：

借：其他应付款——甲公司　　　　　　　　　1 000 000

　　贷：其他应收款——乙公司　　　　　　　　　　　1 000 000

上述案例的结果是母公司账户的 100 万元转移到子公司账户，合并财务报表没有任何变化。如果子公司开始支出，如乙公司构建了 100 万元的建筑物，只需要抵销往来债权债务即可。最终的经济实质是甲乙公司作为一个整体，支付 100 万元构建了固定资产，仅是资产形态的变化，母子公司之间的债权债务在整体上并不存在。如果存在损益，则用甲乙公司的利润表编制合并利润表。由于子公司还存在其他股东（少数股东），少数股东也享有子公司一定的收益与所有者权益份额，这时合并利润表会出现少数股东损益，合并资产负债表会存在少数股东权益。

## 四、购买方收回部分股权投资款

2021 年 4 月 30 日前，证监会会计部联合沪深交易所共同开展了 2020 年度财务报告审阅工作，通过分析发现个别公司存在以下情况：

个别上市公司以前年度对外收购子公司，形成非同一控制下的企业合并。后续上市公司发现子公司在收购当期或以后年度，存在财务舞弊等"合同诈骗"行为，遂向法院提起诉讼。法院判处追缴原股东因虚增股权价值而非法获取的交易对价（包括股份及现金），上市公司错误地将本期实际收到的追缴款项计入当期损益。

就会计处理而言，追缴交易对手方非法所得，本质上为前期并购交易的延续，上市公司应将其作为前期差错事项，根据法院判决结果以及调整后的子公司财务报表信息，对前期错误确认的企业合并成本、合并中取得的可辨认资产、负债公允价值等信息进行追溯调整。同时，对于经法院判决确认的应追缴的合并对价，上市公司应视补偿款项追缴情况，按照企业会计准则的规定进行后续会计处理。

按照企业会计准则的规定，如果是购买日后 12 个月内发生的事件，且提供了并购当时已经存在的情况的进一步证明，应该调整合并成本；如果是在购买日 12 个月之后发生的新事项，则不调整合并成本。但上述情况特殊，属于标的公司原股东"合同诈骗"，本质上是相关各方，包括购买方以及聘请的中介机构等未能识别出标的公司的财务舞弊行为。舞弊行为和股权估值不准的情况当时就存在，会对合并成本产生影响，这属于会计差错，应该按照会计差错的处理方法对合并成本进行追溯调整。即，冲减长期股权投资成本，而不是将收回的款项作为营业外收入。

在标的公司原股东实施财务舞弊的情况下，提高标的公司的估值必然会涉及虚增资产价值，少记负债，存在对标的公司未来现金流量估计过高等脱离现实的问题。也就是说，"合同诈骗"下的资产和负债价值并不公允，应该按照公允的价值进行调整，作为合并财务报表的资产负债价值。当然，这也涉及合并财务报表商誉的调整。新的股权投资成本应该按照原始支付再扣除后期通过诉讼等手段收回的款项进行核算。

## 五、"名债实股"问题

"名股实债"在实务中较常见，主要出现在各类以获取固定收益为目的的投资主体与被投资方的投资协议中，合同条款通常约定需要将资金提供方登记为股东，但同时又约定公司需要按期支付固定利息，最后偿还本金。按照实质重于形式原则，由于该款项对被投资方来说不满足权益工具的定义，不能无条件避免交付现金或其他金融资产，也不能通过交付固定数量的自身权益工具来进行结算，因此会计核算上将其分类为金融负债。

实务中还存在另一种情况，即"名债实股"。本节谈到的问题，不是常见的股东未及时出具注册资本，日常以借款的形式为企业提供营运资金，而是企业基于某种原因，与其他企业成立合营或联营公司，以借款的形式入股，并享有可变回报。

【案例 5-3】甲公司与其他非关联方签订合作协议，共同经营某项业务，并约定甲公司不登记为股东，但享受股东待遇，对合营公司以借款的名义进行投资。协议约定本金不需要归还甲公司，但甲公司享有分红权和被投资公司清算后的剩余权益。

下面针对上述案例进行会计与税务方面的分析。

## （一）会计方面

由于这类投资存在不合规之处，对外公示的也不属于股东关系，通常不能确认为长期股权投资，而应挂账在其他应收款。对于"名债实股"，投资方一般只在实际收到投资收益时进行会计处理。在被投资公司经营绩效不佳的情况下，有些企业除按照金融工具准则对该债权进行减值测试外，未进行其他会计处理；在有收益的情况下，有些企业会冲减借款本金，或将收益计入营业外收入和投资收益等。这些核算都是不合规的。合规的处理方式是，企业应将这类债权恢复为长期股权投资，并按照权益投资进行核算。

## （二）税务方面

居民企业之间的直接投资，股息红利等不属于增值税的征收范围，不需要缴纳增值税，也免缴企业所得税。但是以借款的名义进行投资，收益须计入利息收入等，需要缴纳增值税和企业所得税。即使计入投资收益，由于投资方并未公示其股东身份，在法律层面也缺乏合法依据。如果挂账往来款，每年计提的坏账准备及最后无法收回的本金，一般情况下也难以取得税务认可的企业所得税税前扣除凭证，汇算清缴时需要做纳税调增。当然，还存在一些其他风险，如被投资公司发展势头良好，显名的股东可能只愿意将隐名股东作为债权人，并只支付利息，而不按约定的股权比例分红，这种情况下可能会引发纠纷。

总之，"名债实股"存在较大的风险，且不确认为投资收益，在税收上也不利，不能享受居民企业直接投资的股息红利免所得税的优惠政策。因此，企业应该尽量避免"名债实股"行为，及时处理这类业务，规范企业的投资行为，化解潜在风险。

## 六、表外负债对股权转让的税会影响

在股权转让业务中，与一般的商品相比，股权交易不存在统一有效的市场，信息不对称现象较为严重。为了实现交易，双方需要对标的公司的股权价值进行评估。评估业务经常基于审计师审定的标的公司的财务报表，评估师通过一定的估值技术确定股权价值。如果存在一些尚未纳入财务报表的业务，如表外负债，双方对股权转让的暂定价也未考虑这些因素，而是约定在表外负债将来被实际支付时，再由股权转让方向购买方返还部分资金，这可能会导致交易双方对相关的会计处理产生连锁会计差错，并有可能影响企业所得税的缴纳。

### 【案例 5-4】转让方

2022 年 1 月，甲公司与乙公司签订了股权转让协议，甲公司将其全资子公司丙公司转让给乙公司，甲公司从乙公司处一次性取得股权转让款 1 亿元，扣除股权投资成本等后，确认了投资收益。在 2023 年 2 月，甲公司又向乙公司返还了 500 万元，并将其计入了营业外支出。

### 【案例 5-5】受让方

丁公司是一家房地产开发企业，受让了自然人股东对戊公司的大部分股权，并控制了戊公司，戊公司的主营业务也是房地产开发，目前的主要资产是存货——土地。2019 年 1 月，丁公司向该自然人股东支付了 10 亿元，后期，由于交易时已经存在拆迁等事项，因此在 2021 年 9 月，原股东又返还给丁公司 1 亿元，丁公司将其确认为营业外收入。

以上两个案例，分别是股权转让方与受让方就股权转让完成之后，又进行的支付或返还股权款的行为。就股权转让业务而言，发生这类后期支付行为的，双方的处理属于一个硬币的两面，具有一定的对应关系。即最初在股权转让时，这些影响交易成本的事项被遗漏，有一些表外的负债没有被考虑进来用以调整交易对价。

在股权转让定价过程中，主要的定价方法有三种：市场法、资产法和收益法。

（1）市场法要求标的公司与其他企业可比，条件较难满足，故后两种方法在实务中的使用较为普遍。

（2）对于重资产或者没有盈利的企业，主要考虑的评估方法是资产法。遗漏负债会导致净资产的虚增，通常来说，负债的评估值与账面价值基本一致，较少调整，而资产的评估值需要考虑资产的重置成本及其成新率，资产评估值与其账面价值之间一般会有调整。

（3）对于轻资产行业或有盈利的企业，主要考虑的评估方法是收益法，即将未来现金流量进行折现。在这种情况之下，遗漏负债也会导致评估的现金流出要比实际将要流出的少，同样会虚增股权价值。

不论是采用资产法还是收益法对股权价值进行评估，在股权转让时，如果不考虑表外负债，交易双方对股权的暂定价都会高于最终的交易价。暂定价与最终价的差异就是上述两个案例中双方在交易之后又进行的款项支付。通常交易双方会在股权转让合同中对这些暂时未考虑的负债进行约定，待标的企业需要支付该项负债时，再由标的公司原股东返还对应的金额。本质上，标的公司原股东后一次的款项返还是对上次多收取股权转让款的修正，两次支付构成一次完整的股权转让业务。

如果暂时不考虑标的公司存在表外负债的事实，而是在标的公司最终需要支付该项表外负债时，由原股东返还一定的股权转让款，则交易双方的会计核算均会出现问题。案例 5-4 和案例 5-5 中的交易双方在交易时均没有对这些负债进行前瞻性的考虑，也未调整股权成本或股权转让收益，而是在实际收付款项时计入了当期损益（甲公司将后期支付的款项计入营业外支出，丁公司将后期收回的款项计入营业外收入）。

由于这些表外负债在双方交易时便已经存在，而且金额也能

够确定，只是被双方忽略了，故严格来讲，案例 5-4 和案例 5-5
中甲公司和丁公司的会计处理属于会计差错，应该进行追溯调
整。即，对标的公司的受让方丁公司来说，应该冲减长期股权投
资的成本，而不是计入本期的营业外收入；对标的公司的转让方
甲公司来说，应该调整以前年度的股权处置收益（投资收益），
而不是计入本期的营业外支出。

　　另外，上述两个案例中交易双方错误的会计处理方案，会对
企业税负造成不同程度的影响。对标的公司的转让方来说，后期
退还了部分股权转让款，实际表明其在当初转让股权时，多确认
了股权转让款和投资收益，在不对该业务进行追溯调整的情况
下，冲减本期的投资收益要比确认为营业外支出更恰当。股权转
让方以前年度多缴纳的企业所得税，本期可以通过减少投资收益
或增加营业外支出进行调整，抵扣税款。

　　对标的公司股权受让方来说，影响要大一些，如果不将后续
的收款作为会计差错，并调减股权投资成本，那么其长期股权投
资成本会存在虚增的问题。受让方将收回的股权投资款项计入了
本期的营业外收入，在增加利润的同时，也需要缴纳对应的企业
所得税。股权受让方在后期转让该股权时，可以按照最初的股权
投资成本进行抵扣。虽然在整个持股与转让期间，股权受让方的
整体税负不变，但受让方先缴纳了企业所得税，损失了货币的时
间价值。

第六章

# 固定资产与在建工程

## 一、房屋、建筑物推倒重置的税会处理

实务中，很多企业在房屋、建筑物更新改造，尤其是推倒重置的税会处理方面存在一些问题。主要问题是资产报废与对外处置核算科目的混用，即在资产报废的情况下，将本应该计入营业外支出项目的资产损失计入了资产处置收益，或在不必计提附加税时计提了附加税。本节主要介绍房屋、建筑物推倒重置导致的税会差异，以及由此引发的税务风险。

### （一）未提完折旧推倒重置的企业所得税规定

从理论上讲，企业将房屋、建筑物推倒重置，在未提完折旧的情况下可以在企业所得税税前抵扣，因为企业确实发生了损失。但房屋、建筑物通常涉及金额较大，如果企业一次性在税前抵扣过多的资产损失，可能会对税收产生较大影响。因此，税务机关对房屋、建筑物推倒重置有特殊规定：企业应将旧房屋建筑物的净值并入新资产一起计提折旧和抵扣。

根据《国家税务总局关于企业所得税若干问题的公告》（国家税务总局公告 2011 年第 34 号）："企业对房屋、建筑物固定资产在未足额提取折旧前进行改扩建的，如属于推倒重置的，该资产原值减除提取折旧后的净值，应并入重置后的固定资产计税成本，并在该固定资产投入使用后的次月起，按照税法规定的折旧年限，一并计提折旧；如属于提升功能、增加面积的，该固定资产的改扩建支出，并入该固定资产计税基础，并从改扩建完工投入使用后的次月起，重新按税法规定的该固定资产折旧年限计提折旧，如该改扩建后的固定资产尚可使用的年限低于税法规定的最低年限的，可以按尚可使用的年限计提折旧。"

### （二）推倒重置导致的税会差异及相关会计核算

由于税务与会计对企业房屋、建筑物推倒重置发生的实际损失处理不一致，因此会产生可抵扣暂时性差异，即，当期企业需要将报废损失在企业所得税税前做纳税调增，并确认递延所得税资产，后期则进行相反的处理。

【案例 6-1】甲公司某办公大厦的原值为 1 000 万元，目前已计提折旧 500 万元。甲公司在 2021 年底对该房屋进行推倒重置，2021 年 12 月 31 日，该固定资产的账面净值为 500 万元。2022 年为项目建设期，甲公司在 2022 年 12 月完成了新建房屋的验收。新建房屋的原值为 2 500 万元，预计使用年限为 20 年，甲公司按照 20 年对其计提折旧。甲公司适用 25% 的企业所得税税率，暂不考虑残值影响。

（1）2021 年 12 月 31 日办公大厦报废时：

| | | |
|---|---|---|
| 借：固定资产清理 | 5 000 000 | |
| 累计折旧 | 5 000 000 | |
| 贷：固定资产——原值 | | 10 000 000 |
| 借：营业外支出 | 5 000 000 | |
| 贷：固定资产清理 | | 5 000 000 |

（2）甲公司会计核算上确认的 500 万元损失，税务上暂时不认可，企业需留待以后抵扣该项损失，当期需先进行纳税调增处理，并确认递延所得税资产：

| | | |
|---|---|---|
| 借：递延所得税资产 | （5 000 000×25%）1 250 000 | |
| 贷：所得税费用——递延所得税费用 | | 1 250 000 |

（3）2022 年 12 月新建房屋竣工，在建工程转为固定资产：

| | | |
|---|---|---|
| 借：固定资产 | 25 000 000 | |
| 贷：在建工程 | | 25 000 000 |

（4）2023 年甲公司对新构建的房屋计提折旧：

| | | |
|---|---|---|
| 借：管理费用等（25 000 000÷20） | 1 250 000 | |
| 贷：累计折旧 | | 1 250 000 |

（5）2023 年底计算当期所得税时，税法上允许扣除的折旧 =（500+2 500）÷20=150（万元），比账面已经计提的折旧（125 万元）高出 25 万元，对应的企业所得税 =25×25%=6.25（万元）。甲公

司通过少确认当期所得税，冲减递延所得税资产，以实现会计利润与所得税一级科目的匹配。

借：所得税费用——递延所得税费用       62 500

 贷：递延所得税资产          62 500

可见，对于甲公司 500 万元的资产损失所对应的企业所得税抵减额 125 万元，甲公司在发生损失当时不允许抵扣。多缴纳的部分税金在随后的 20 年中，每年抵扣 6.25 万元，合计抵扣 125 万元。总体而言，甲公司先一次性缴纳了 125 万元的税金，在后 20 年中合计少缴纳了 125 万元，前后的金额相等，但损失了货币的时间价值。如果企业将该损失一次性在所得税前抵扣，会引发税务风险。

## 二、处置固定资产时是否应该计提附加税

有些财务人员在对固定资产处置进行会计核算时，会先计提附加税，这样处理是否恰当呢？附加税的计提基础是企业实际要缴纳的增值税，但对一般企业来说，不需要单独计算和缴纳固定资产处置对应的增值税，所以附加税的计算基础就难以确定，也无法在清理时就计提；对于农业等免增值税的行业，或者资产购置时未抵扣进项税的固定资产处置，对应的附加税能够准确计提，但会影响资产处置收益的金额。

销项税是价外税，销售方需要对含税收入进行价税分离，扣除增值税后是资产的不含税售价。在税务层面，企业出售二手设

备与出售货物没有本质的区别，只是从会计的视角，基于销售业务是否与企业的日常经营活动相关，区分为营业收入和经常性损益，以及营业外收入（资产处置收益）和非经常性损益。同一类交易，对某个公司是处置固定资产，属于非经常性损益，对另一个公司来说可能就是主营业务，属于经常性损益。因此，在清理固定资产时计提附加税，会导致资产处置收益金额变小，会计核算出现错误。

【案例 6-2】甲公司的某项固定资产原值为 100 万元，累计折旧为 50 万元，账面净值为 50 万元，对外出售的金额为 60 万元，按照税率为 3% 的简易计税缴纳增值税。

固定资产不含税售价 =60÷（1+3%）=58.25（万元）

销项税 =58.25×3%=1.75（万元）

会计分录如下。

（1）不计提附加税时的会计分录：

| 借：固定资产清理 | 500 000 | |
| 累计折旧 | 500 000 | |
| 贷：固定资产原值 | | 1 000 000 |
| 借：应收账款 | 600 000 | |
| 贷：固定资产清理 | | 582 500 |
| 应交税费——应交增值税（销项税额） | | 17 500 |
| 借：固定资产清理 | 82 500 | |
| 贷：资产处置收益——固定资产处置利得 | | 82 500 |

（2）在固定资产清理时计提附加税：

借：固定资产清理 　　　　　　　　　　　　1 900

　　贷：应交税费——应交城建税等 　　　　　　1 900

借：固定资产清理 　　　　　　　　　　　　80 600

　　贷：资产处置收益——固定资产处置利得 　80 600

附加税 =1.75×（7%+3%+1%）=1.75×11%=0.19（万元）。其中，7%、3% 和 1% 分别是城市维护建设税（以下简称城建税）、教育费附加和地方教育费附加。

可见，如果企业在固定资产处置时计提附加税，会降低资产的销售价格，针对甲公司来说，计提附加税的影响金额为 1 900 元。根据税法的规定，销项税需要从合同总价中分离，但并未要求将附加税也进行分离。附加税属于企业额外的负担，计入"税金及附加"即可。财务人员计提附加税的初衷是恰当的，即保证负债的完整性。实际上，针对处置固定资产这项业务，在产生增值税缴纳义务的同时，企业也产生了附加税的纳税义务。该业务对应的附加税已经随着企业对增值税的确认在"税金及附加"科目统一进行了计提，这个会计核算已经保证了负债的完整性。

## 三、股东用二手设备投资入股的会计处理

股东用货币资金出资是最普遍的一种形式，货币作为一般等价物，本身就是价值的代表，子公司也容易进行会计核算。但是

在某些情况下，如某项资产较为稀缺，股东也可能以非货币资产的形式进行投资。对于非货币性资产，如果是股东购入后很快投资给子公司，那么可以按照股东的成本作为子公司获得资产的入账价值。但是，如果涉及二手设备，子公司对该资产的入账价值就不能直接基于该资产的历史成本，而是需要确定该资产目前的市场价值。

【案例6-3】甲公司的股东乙公司以某项二手设备投资入股，该设备在乙公司账面上已经计提完折旧，甲公司财务人员认为需要按股东购置该资产时的发票金额重新计提折旧。

在本案例中，乙公司的财务人员需要注意三个方面的事项：资产账面净值和市场价值的区别，关联交易价格的公允性及母子公司内部交易的抵销。

### （一）资产账面净值和市场价值的区别

#### 1. 资产账面净值

企业的资产通常分为流动资产和非流动资产。对于流动资产，其价值通常是一次性实现的；而对于非流动资产，如固定资产，其价值往往较高，经济利益是分次或分期实现的，通常是通过计提折旧或摊销的方式，在其使用年限内，分次（期）计入各期成本费用。这样操作主要有以下两个作用。

第一，通过跨期的成本费用核算将逐渐磨损的资产和减少的资产价值分配到不同的受益期间。

第二，基于持续经营的假设前提，通过在资产使用寿命内逐期计提折旧，为下一次的资产更新和重置做准备。资产账面净值即是资产原值扣除已计提的折旧以及资产减值准备（如存在），属于历史成本的范畴。

### 2. 市场价值

资产计提完折旧只是按照会计的口径将历史成本分次计入了各期成本费用，与资产是否还有价值是两个概念，资产只要还具备使用价值就可以用于交易，即具有市场价值。但出于以下两方面的原因，资产的账面价值与市场价值通常并不一致：

第一，资产是按照历史成本计量的，但功能相似、可供替代的资产会不断涌现，新设备的价值会影响二手设备的价值；

第二，会计估计只是一种核算方法，资产预计使用年限往往难以与其实际使用年限保持一致，资产被计提完折旧后还具备使用价值，具有一定的市场价值是普遍存在的现象。

### （二）关联交易价格的公允性

根据规定，股东可以用货币出资，也可以用实物、知识产权、土地使用权等能够用货币估价并可以依法转让的非货币财产作价出资。股东用二手设备投资属于其中的用非货币财产作价出资，但需要保证设备价值的公允性，否则可能会涉及出资不实等问题。用资产投资，实际可分解为两个步骤：一是将资产先销售给公司；二是用该款项进行注资。股东要按照该资产的市场价值向被投资方开具发票，接受实物资产投资的企业按照二手设备的市场价值，以及重新估计的预计使用年限计提折旧，这与新设备的核算方法并无差异。

### （三）母子公司内部交易的抵销

股东向公司投出资产，对股东方来说，如果涉及合营企业或联营企业，会出现顺流交易，存在未实现损益。这种情况下，在投资方投出资产或出售资产给其联营企业或合营企业产生的损益中，按照应享有比例计算确定归属于本企业的部分不予确认。如果是合并范围内的子公司，针对母公司编制的合并财务报表，要将资产的市价（子公司账面原值）恢复到母公司折旧完（仅剩残值）的金额。

## 四、固定资产折旧年限和残值（率）变更

实务中，企业变更固定资产折旧年限或残值（率）的现象并不少见，在某些情况下，相关企业会根据新发生的事项对固定资产做出会计估计变更，这具有合理性。但是，也存在部分企业通过延长固定资产折旧年限，增加残值（率）来进行利润调节的情况，这种情况则不具有合理性，其目的往往是在企业并购重组、贷款等业务中获得更大的收益。企业折旧年限和残值（率）的确定需要综合考虑各种因素，并协调各方关系，否则可能会顾此失彼，造成会计或税务方面的影响，不利于规范处理。那么，企业

该如何判断固定资产折旧年限和残值（率）变更是否具有合理性呢？以下是需要重点考虑的因素。

### （一）固定资产折旧政策制定的基础

#### 1. 同行业固定资产折旧会计估计的情况

对于拟 IPO 公司来说，同行业可比是很重要的，如果本公司折旧年限过长，说明利润存在虚增的可能性，会计估计不够谨慎；如果折旧年限过短，则对公司的利润不利，可能影响 IPO 进展及股票估值。

#### 2. 考虑税法对企业固定资产折旧政策的规定

固定资产折旧年限与残值（率）属于会计估计，很难与实际情况完全一致，企业已经提完固定资产折旧，资产还在使用，以及固定资产还未提完折旧便提前报废都是常见情况。在固定资产折旧年限的合理估计期间内，企业的固定资产折旧年限会计估计要尽量满足税务的要求。根据《企业所得税法实施条例》第六十条："除国务院财政、税务主管部门另有规定外，固定资产计算折旧的最低年限如下：

（一）房屋、建筑物，为 20 年；

（二）飞机、火车、轮船、机器、机械和其他生产设备，为 10 年；

（三）与生产经营活动有关的器具、工具、家具等，为 5 年；

（四）飞机、火车、轮船以外的运输工具，为 4 年；

（五）电子设备，为 3 年。"

税法的基本逻辑是规定最低折旧年限，目的是防止企业制定的折旧年限过短，抵扣企业所得税过快，影响税收。所以，通常来说，当企业资产的会计折旧年限长于税法规定时，税务一般能够认可企业每期计提的折旧，折旧也可以全额在企业所得税税前扣除；当企业制定的固定资产折旧年限短于税法规定的最低折旧年限时，则需要在企业所得税税前做纳税调增处理。这一点在《国家税务总局关于企业所得税应纳税所得额若干问题的公告》（国家税务总局公告 2014 年第 29 号）第五条中也有具体规定："（一）企业固定资产会计折旧年限如果短于税法规定的最低折旧年限，其按会计折旧年限计提的折旧高于按税法规定的最低折旧年限计提的折旧部分，应调增当期应纳税所得额；企业固定资产会计折旧年限已期满且会计折旧已提足，但税法规定的最低折旧年限尚未到期且税收折旧尚未足额扣除，其未足额扣除的部分准予在剩余的税收折旧年限继续按规定扣除。（二）企业固定资产会计折旧年限如果长于税法规定的最低折旧年限，其折旧应按会计折旧年限计算扣除，税法另有规定除外。"

### 3. 考虑本企业资产的实际情况

以上两点是确定固定资产折旧年限与残值（率）的重要参考依据，但还需要根据本企业资产的实际情况进行合理的估计。例如，虽然同行业的某类固定资产折旧年限普遍是 10 年，但本企业所持有的资产建造成本高于同行业，质量更好，比同行业的同类资产有更长的折旧年限也具有合理性。

## （二）固定资产折旧会计估计变更的合理性判断

根据《企业会计准则第 4 号——固定资产》的规定，除以下情况外，固定资产的使用寿命、预计净残值一经确定，不得随意变更：

（1）使用寿命预计数与原先估计数有差异的，应当调整固定资产使用寿命；

（2）预计净残值预计数与原先估计数有差异的，应当调整预计净残值；

（3）与固定资产有关的经济利益预期实现方式有重大改变的，应当改变固定资产折旧方法。

一般情况下，固定资产折旧估计政策一经制定不得随意变动，同一企业对同一类别资产的会计政策应该保持一致。企业的固定资产折旧年限或残值（率）变化是否合理，关键要看变化的依据是否具有合理性。

### 1. 缺乏依据的固定资产折旧估计政策变更

如果企业仅基于利润因素考虑，没有物质基础的变化，这类固定资产折旧估计政策变更属于滥用会计估计，是会计差错。另外，变更会计估计并非只有延长折旧年限才需要关注，缩短折旧年限也可能是会计差错，因为这可能是企业管理层的一种盈余管理行为。

### 2. 有合理依据的固定资产折旧估计政策变更

对于固定资产折旧年限或残值（率）的变更，我们先要了解其是属于正常的会计估计变更，还是差错更正。由于企业自身原因，未充分利用和考虑资产构建时的信息，从而制定了不恰当的固定资产折旧年限与残值（率），现予以调整的，属于前期差错更正，需要做出追溯调整；如果是出现了新的情况，如建筑物或设备受到了一些极端天气的影响，造成预计使用寿命缩短，这属于新发生的情况，可以按照会计估计变更，不调整以前年度已经计提的折旧金额，而采用未来适用法进行处理。

对于残值（率）来说，实务中通常规定一个固定的百分比，一般为固定资产原值的 3%~5%。由于固定资产残值的实现是在很多年以后，而且残值（率）设定比较低，金额不大，因此对于一般企业来说，通常不会引起过多的关注。但对于一些特定行业的企业来说，可能会有很大的影响，需要引起足够的重视。例如，重型船舶企业，由于重型船舶是由大量的钢材构成，钢材有活跃的市场价值，如果简单制定一个残值率，可能会造成很大的偏差。对于这类固定资产的残值，一般是按照构成固定资产的材料，即构成船舶的钢材的市场价值来估计的，故其残值的会计估计变动较为常见。

## 五、固定资产加速折旧的税会处理

会计和税务都有固定资产加速折旧的概念，如果会计制定的固定资产加速折旧政策不满足税务的要求，或者会计上采取了按照直线法计提折旧，税务上采取了将固定资产一次性抵扣或者其他加速折旧的方法，都会导致固定资产折旧额在会计与税务上不一致，企业需要做纳税调整。其中，会计上，根据与固定资产有关的经济利益的预期实现方式，可选用的折旧方法有年限平均法、工作量法、双倍余额递减法和年数总和法等；税务上的加速折旧由一系列的税收优惠政策构成。例如，财政部、税务总局于2019年发布的第66号公告规定："自2019年1月1日起，适用《财政部 国家税务总局关于完善固定资产加速折旧企业所得税政策的通知》（财税〔2014〕75号）和《财政部 国家税务总局关于进一步完善固定资产加速折旧企业所得税政策的通知》（财税〔2015〕106号）规定固定资产加速折旧优惠的行业范围，扩大至全部制造业领域。"

【案例6-4】甲公司2020年12月采购了某研发设备，不含税价格为80万元，预计该设备可使用10年，暂不考虑设备残值。该公司为高新技术企业，适用15%的企业所得税税率，按照《财政部 国家税务总局关于完善固定资产加速折旧企业所得税政策的通知》（财税〔2014〕75号）"企业2014年1月1日后新购进的专门用于研发的仪器、设备，单位价值不超过100万元的，允许一次性计入当期成本费用在计算应纳税所得额时扣除，不再分年度计算折旧"的税收优惠政策，甲公司将研发设备一次性在企业所得税税前进行了抵扣。

　　下面通过对上述案例进行分析，来讲述企业固定资产加速折旧的税会差异与处理要点。

## （一）计提累计折旧

甲公司 2020 年 12 月采购固定资产并投入使用，次月（即 2021 年 1 月）开始计提折旧，2021 年全年计提折旧额为 8 万元。计提累计折旧的会计分录如下：

借：研发费用　　　　　　　　（800 000÷10）80 000

　　贷：累计折旧　　　　　　　　　　　　　　80 000

会计上，甲公司列支了 8 万元费用，但当期所得税汇算清缴时，税务上允许列支 80 万元，故应纳税所得额需调减 72 万元，对应延迟缴纳所得税（72×15%）10.8 万元。本期少缴纳的所得税费用需要递延至未来，在以后的 9 年中，企业需要每年进行纳税调增。加速折旧税收优惠政策本质上是允许企业提前抵扣所得税，是享受货币时间价值的税收优惠政策。

## （二）本期确认递延所得税负债

甲公司本期确认递延所得税负债的会计分录如下：

借：所得税费用——递延所得税费用　　　　108 000

　　贷：递延所得税负债　　　　　　　　　　108 000

此项会计分录可使会计上的所得税与会计利润相匹配，所得税二级科目有变化，但整体所得税还是应有的金额，实际是权责发生制的体现。

### （三）固定资产累计折旧的后续计量

甲公司固定资产累计折旧后续计量的会计分录如下：

借：研发费用　　　　　　　　　　　　　　　　80 000

　　贷：累计折旧　　　　　　　　　　　　　　　80 000

从第二年开始，会计上仍然每年计提 8 万元折旧，但是税务上，全部折旧已经在资产投入使用后的次月（2021 年 1 月）进行了抵扣，由于本笔会计分录的存在，会计利润减少了 8 万元，税务上不认可，需要做纳税调增处理，比会计利润多缴纳 1.2（8×15%）万元，并冲减递延所得税负债。

### （四）冲减递延所得税负债

甲公司冲减递延所得税负债的会计分录如下：

借：递延所得税负债　　　　　　　　　　　　　12 000

　　贷：所得税费用——递延所得税费用　　　　　12 000

这样，经过后 9 期，将第一年确认的递延所得税负债全部冲减，即 1.2×9=10.8（万元），实现各期之间会计利润与所得税的匹配，会计利润不受税收政策的影响，税收政策只是导致了所得税费用中当期所得税和递延所得税两个二级科目之间的调整。

最后，财务人员需要注意的是，如果企业属于亏损或者微利的情况，不建议在税务上对固定资产进行加速折旧，否则会增加亏损。在以后年度不能盈利或者盈利不确定的情况下，可弥补亏损可能会过期，从而给企业造成损失。

## 六、固定资产和长期待摊费用的辨析

企业采购的较大金额，且可以持续使用若干年的有形资产通常属于固定资产，财务人员通常对这类情况的会计核算比较熟悉。但是，在实务工作中，一些资产的构建比较特殊，是否属于固定资产，需要财务人员的专业判断。另外，企业的资产在使用一段时间之后，可能由于某些原因被暂停使用，在暂停使用期间，企业是否应该继续对资产计提折旧或摊销，这也需要财务人员做出专业判断。

【案例 6-5】甲公司在租入的厂房内建造一条生产线，并对租赁房屋进行了装修，将装修费计入了长期待摊费用。2021 年，受市场大环境影响，甲公司暂停营业 2 个月。甲公司财务人员有以下两个疑问：

第一，在租赁厂房内构建的生产线应该计入长期待摊费用还是固定资产；

第二，在停业期间是否要继续对长期待摊费用进行摊销。

长期待摊费用与固定资产均属于非流动资产，其相同点是两者的一次性支出金额均较大，可以使企业在超过一个会计年度或营业周期受益。长期待摊费用也具有一定的特殊性，与其他的资产相比，虽然长期待摊费用也列报在非流动资产之内，但它的费用属性较大。原因是与其他资产相比，这类"资产"作为沉没成本的可能性更大，也就是说，其他资产日后大多可保持其实物形态并可以对外转让，获得终止现金流量；而长期待摊费用通常没有终止现金流量，一旦提前终止使用，企业往往会丧失全部经济利益。这可能是导致企业在会计核算中，长期待摊费用很少被赋予残值，而固定资产折旧总要考虑残值的原因。

生产线属于企业自行构建，不依附于厂房、车间，可以单独识别。企业在停止租赁厂房时，可以自行拆除，或者出租方给予一定的补偿，出租方可以将厂房连同生产线再租赁给其他企业。可见，本案例的甲公司在租赁厂房中自建的生产线独立于租赁资产，具有独立的价值、很可能会有终止现金流量，这与长期待摊费用还是有本质区别的，应该作为单独的固定资产来核算。

装修费是企业计入长期待摊费用的常见支出项目，通常一次装修可以使企业受益若干年，但如果企业提前终止租赁，出租方通常不会对租户的装修进行补偿，甚至出租方会要求承租方恢复物业原状。针对本案例，该项装修能够使企业在一定期间内受益，季节性的停产以及其他原因的停产都不影响企业继续摊销装修费。原因是，停业不会导致租赁期变长，也不会延长装修对企业的受益年限，因此应该将该项待摊支出在原时间范围内逐期摊销。

## 七、在建工程计提减值后转为固定资产

为了促进销售，应收账款广泛存在于各类企业，财务人员对应收账款计提减值较为熟悉。长期资产，如固定资产和在建工程等，着眼于企业的长期经营，一般按照历史成本计量，除非企业的该项资产对应的业务发生了重大不利变化，否则较少涉及对长期资产计提资产减值损失，这使得有些财务人员对固定资产和在建工程等长期资产减值的会计处理较为生疏。

【案例6-6】甲公司2020年12月31日的在建工程余额为100万元，由于该项目的预期回报下降，甲公司对该项在建工程计提了减值准备50万元。该项在建工程于2021年竣工，甲公司将其转为固定资产。甲公司财务人员不知道该如何处理在建工程减值准备。

为了防止会计操纵，企业会计准则规定企业对固定资产计提减值准备后不准转回，企业应该遵守该规定。那么，甲公司计提了在建工程减值准备之后，再转固的情况下，已经计提的减值准备该如何转销呢？

（1）构建时：

借：在建工程         1 000 000

  贷：应付账款等       1 000 000

（2）计提在建工程减值准备：

借：资产减值损失　　　　　　　　　　　　　　　500 000

　　　贷：在建工程减值准备　　　　　　　　　　500 000

（3）计提减值后，在建工程转为固定资产：

借：固定资产　　　　　　　　　　　　　　　　　500 000

　　在建工程减值准备　　　　　　　　　　　　　500 000

　　　贷：在建工程　　　　　　　　　　　　　1 000 000

　　通过以上会计分录可见，甲公司在计提在建工程减值准备时调减了当期的会计利润；最终在建工程转固时，将在建工程净额转到固定资产，同时转销了在建工程与在建工程减值准备。

## 八、在建工程会计核算中的常见问题

　　在建工程对制造业企业来说比较常见，尤其是在产品投产前。制造业企业的在建工程主要分为两种，分别是房屋建筑物和生产线。企业在核算在建工程时，常见的错误主要有在建工程长期不转固，或者直接按照付款进度或发票金额确认在建工程。此外，针对房屋建筑物的在建工程，还存在核算颗粒度较粗，对后期缴纳房产税具有不利影响；为了增加利润和资产额，将一些无关费用，如差旅费计入在建工程等问题。

## （一）在建工程长期不转固

企业的建造工程已经竣工，资产达到预定可使用状态，但未将在建工程转为固定资产的，根据《企业会计准则第 4 号——固定资产》应用指南："已达到预定可使用状态但尚未办理竣工决算的固定资产，应当按照估计价值确定其成本，并计提折旧；待办理竣工决算后，再按实际成本调整原来的暂估价值，但不需要调整原已计提的折旧额。"

需要注意的是，在建工程只要达到可使用状态就应该转固，即使由于各种原因未实际投入使用也应该转固。实务中经常出现企业延迟转固，不计提折旧的情况。在某些情况下，延迟转固所需要补提的累计折旧可能会导致 IPO 企业未分配利润为负，不满足首发条件。

## （二）按照付款金额或收到的发票金额确认在建工程

企业按照支付的款项或收到的发票额确认在建工程，会导致在建工程余额不准确。付款进度不一定代表工程已经达到相应的完工进度，款项可能是预付性质的；在施工方代垫款的情况下，企业的会计账面没有预付款，实际工程进度可能比按照款项支付进度计算的要快，这种情况下会构成发包方的应付账款。可见，直接按照付款进度来确认在建工程账面价值存在较大的问题。同样，企业也不能按照施工方开具的发票额来确认在建工程，因为不能及时开具发票，或者提前开具发票的情况均较为普遍，发票开具额可能与工程进度有较大的不符。

对于在建工程，需要建设方、施工方和监理方等主体共同对工程项目的完工进度进行认定，经过实际观测后确定在建工程的实际施工进度和在建工程账面金额。对于企业在建工程实际进度过快，与已经支付款项不符的，可通过挂账应付账款，使在建工程余额符合实际施工进度，保证财务报表在建工程和应付账款项目的完整性与准确性。

【案例 6-7】甲公司为增值税免税单位，拟建设办公大楼，经过招投标，确定乙公司为施工单位，工程总造价为 2 亿元，建设期需要 2 年。甲乙双方于 2021 年 8 月 24 签订合同，约定自签订合同之日起 15 日内，甲公司支付 4 500 万元（乙公司向甲公司开具增值税普通发票），随后每 5 个月支付 4 500 万元，剩余 2 000 万元作为质保金，一年后无质量问题再支付。截至 2021 年 12 月 31 日，工程建设进度超过预期，经甲公司、乙公司和监理方认定，已经达到总工程的 25%，即不到 5 个月的时间，实现了预计半年的工作量。按照工程进度确认的在建工程余额为 5 000（200 000 000×25%）万元。甲公司应做如下会计分录。

（1）预付工程款时：

借：预付账款——乙公司　　　　　　　　　45 000 000

　　贷：银行存款　　　　　　　　　　　　　45 000 000

（2）报表日按照实际工程进度确认在建工程：

| | | |
|---|---|---|
| 借：在建工程 | | 50 000 000 |
| 贷：预付账款——乙公司 | | 45 000 000 |
| 应付账款——乙公司 | | 5 000 000 |

可见，甲公司按照工程实际进度确认的在建工程应该是 5 000 万元，如果不考虑这一实际情况，直接按照 4 500 万元的预付账款和发票额确认在建工程，将产生较大的会计差错。

## 九、项目建设期土地使用权摊销的会计核算

项目建设期土地使用权摊销涉及两个会计科目，分别是在建工程和土地使用权。企业会计准则并无单独的在建工程准则，由于固定资产的来源主要包括外购和自建，企业自建固定资产便涉及对在建工程的核算，这是固定资产的历史成本，故在建工程适用《企业会计准则第 4 号——固定资产》（以下简称固定资产准则）。土地使用权则非常明确的由《企业会计准则第 6 号——无形资产》（以下简称无形资产准则）进行规范。

固定资产准则及其应用指南、无形资产准则及其应用指南的篇幅与内容均较少，并无项目建设期土地使用权摊销会计核算的具体指引。而对于生产制造企业来说，尤其是企业开展经营之初，通常需要先建设生产基地，涉及对在建工程的核算。在这个阶段，由于企业尚未开始生产，土地用于建设房屋和构筑物，土

第六章　固定资产与在建工程

地使用权的摊销是计入当期损益，还是计入在建工程成本，实务中有不同的观点。

从无形资产准则应用指南来看，"本准则第十七条规定，无形资产的摊销金额一般应当计入当期损益。某项无形资产包含的经济利益通过所生产的产品或其他资产实现的，其摊销金额应当计入相关资产的成本。自行开发建造厂房等建筑物，相关的土地使用权与建筑物应当分别进行处理。企业（房地产开发）取得土地用于建造对外出售的房屋建筑物，相关的土地使用权账面价值应当计入所建造的房屋建筑物成本。"

那么，我们该如何理解准则的上述规定？针对房地产企业，房屋是其存货，土地也属于存货，本质上土地类似于制造业企业的一类原材料，建造支出与土地成本共同构成了商品房的总成本，土地成本应该全部计入商品房成本。针对一般企业来说，一方面，无形资产准则应用指南明确指出"自行开发建造厂房等建筑物，相关的土地使用权与建筑物应当分别进行处理"。当然，土地使用权与建筑物分开核算并不影响将土地使用权摊销额计入在建工程成本或当期损益，将摊销额计入两个会计科目中的任何一个，均不违反该规定。另一方面，无形资产准则应用指南提出"某项无形资产包含的经济利益通过所生产的产品或其他资产实现的，其摊销金额应当计入相关资产的成本"。这主要是指某类无形资产是生产某类产品的必备技术等情况，与土地使用权摊销的情况有较大差异。

总而言之，将建设期的土地使用权摊销直接费用化至少有两方面依据。一方面，费用化的会计核算更为谨慎。将建设期土地使用权资本化会增加资产价值，相反直接费用化的处理不会增加房屋建筑物原值。另一方面，费用化的会计核算更符合经济实质。土地使用权有独立的经济价值，其经济利益的实现方式有两种，一是按照评估值转让；二是通过销售商品和提供劳务逐渐收回。在转让土地使用权的情况下，土地使用权与其上的房屋是独立估值的。在企业持续经营之下，房屋建筑物并非收回土地使用权摊销的最终方式，企业按照一贯的方法摊销并计入当期损益，既简单明了，又符合经济实质。

除支持将建设期的土地使用权摊销直接费用化以外，也有观点认为应该资本化，计入在建工程成本，证监会会计部持此类观点。一方面，参考借款费用资本化的原则，应在正常建设期对土地使用权摊销额进行资本化，非正常中断的部分费用化；另一方面，固定资产的构建占用了土地使用权，本阶段土地使用权的利益实现需要依靠固定资产，故先通过在建工程归集土地使用权的摊销费用，达到预定可使用状态后转固，按照固定资产折旧年限计提折旧。

以上两个观点均有一定的道理，对于 IPO 企业来说，需尽可能参照证监会会计部的观点。对于一般企业来说，费用化的处理通常更有利，尤其是对企业的房产税税负。房产税的计税基础包括了房屋原值（会计记录）及地价，如果企业直接按照房屋原值与地价缴纳房产税，由于房屋原值中包含了建设期的摊销地价，可能会存在对部分土地价值重复缴纳房产税的问题。

## 十、以在建工程对外投资

以货币资金对外投资是企业常用的一种方法，但是某些情况下，企业不得不通过在建工程进行投资。由于在建工程的金额可能与企业拟投资的金额并不相等，这就涉及补价的收付，会增加投资双方的会计核算难度。另外，在一些情况下，投资双方还会涉及资金占用利息的收取，由于这属于非市场化的关联交易，因此对利息的认定进一步增加了相关会计核算的难度。

【案例 6-8】A 公司与 B 公司投资设立了 C 公司。2022 年，A 公司向某乡镇政府预付 300 万元征地款，乡镇政府已经完成征地工作，A 公司将这笔款项记入"在建工程——预付征地款"科目。A 公司对 C 公司的一期股权投资款为 200 万元，A 公司将 300 万元的在建工程投资到 C 公司，资产价值高于股权投资款的 100 万元，将由 C 公司以货币资金的形式支付给 A 公司。A 公司财务人员对相关业务的会计核算存在以下疑问。

（1）2023 年，C 公司提出 A 公司需向其开具发票，并达成协议另支付利息 50 万元。A 公司向 C 公司开具了 350 万元的发票，并缴纳增值税及附加税 10 万元。这种情况下，A 公司该如何进行账务处理？

（2）2023 年，A 公司将经审计的"在建工程——道路"等账面余额 500 万元资产中的 300 万元作为对 C 公司的第二期出资款，C 公司以货币资金的形式将剩余 200 万元支付给 A 公司，A 公司向 C 公司开具了 500 万元的发票，缴纳增值税及附加税 18 万元。A 公司对这笔业务该如何进行账务处理？

本案例所涉及的问题在实务中相对较少发生，首先需要考虑企业会计准则的适用问题。本案例看似存在非货币性资产交换，但是，非货币性资产交换是两家企业对不同标的物的交换，标的物是非货币性质的，而本案例是 A 公司使用实物换取被投资单位的股权，还涉及较大的补价，所以不适用非货币性资产交换准则，应该按照非货币性投资，适用长期股权投资准则。较为特殊的是，本案例中股东用作投资的资产成本高于拟入股的金额，涉及被投资方支付补价的情况。

在 2022 年，A 公司预付给乡镇政府的 300 万元，工程实际并未开工，不应该直接挂账"在建工程"，先通过"预付账款"科目核算即可。但是，在报表列报时，由于该笔款项将要形成的资产属于非流动资产，因此需要将 A 公司的预付账款重分类为其他非流动资产。

借：预付账款         3 000 000

 贷：银行存款        3 000 000

A 公司向 C 公司注资时，如果工程仍然没有开工，那么在收到的补价是非经营性的情况下，借记其他应收款即可。

借：长期股权投资——C 公司     2 000 000

  其他应收款——C 公司     1 000 000

 贷：预付账款——乡镇政府      3 000 000

2023 年，A 公司给 C 公司开具的 350 万元发票具有一定的迷惑性，可能存在一些问题：由于投资用土地价值为 300 万元，股权投资款为 200 万元，C 公司应该向股东支付 100 万元的差价。如果将股东多收取的 50 万元理解为 C 公司延期支付差价的资金成本，针对 50 万元利息，与 100 万元的本金相比，利息显然过高，C 公司欠 A 股东 50 万元利息不具有合理性，更可能是 A 公司抽回部分投资，应该调整 A 公司的股权投资成本。

借：长期股权投资——C 公司     500 000

 贷：其他应收款——C 公司     500 000

最后一次，A 公司用 500 万元的道路资产投资，与首次入资类似，确认长期股权投资，并转销在建工程即可：

借：长期股权投资——C 公司     3 000 000

  其他应收款——C 公司     2 000 000

 贷：在建工程         5 000 000

# 递延所得税资产与负债

## 一、递延所得税资产与负债计提的逻辑

　　财务人员通常对基于历史成本计量的资产和负债较为熟悉，如企业购置了一台设备。但是，对于递延所得税资产与负债，不少会计初学者会觉得难以理解，甚至有些资深财务人士，也对递延所得税资产与负债的确认感到困惑。递延所得税资产与负债之所以较难理解，究其原因主要是来源于会计核算与税务规范之间的差异。

### （一）计提递延所得税资产与负债的内在原因

　　会计的重要核算原则之一是权责发生制，企业计提递延所得税资产和负债，本质上是权责发生制的体现。

　　（1）企业应该在本期确认的所得税费用，税务上允许企业在以后期间缴纳的，企业会产生一项税务负债。这个"应该缴纳但未缴纳"的负债便是企业的一项递延所得税负债，企业需要通过借记"所得税费用——递延所得税费用",贷记"递延所得税负债"的方式来满足权责发生制原则的要求,促使会计利润与所得税费用相匹配。

(2)企业不应该在本期确认的所得税费用,税务上要求企业在本期缴纳,并允许企业在以后的期间少缴纳的,企业会产生一项资产。这个"不应该缴纳但实际缴纳"的税金便是企业的递延所得税资产,企业需要通过借记"递延所得税资产",贷记"所得税费用——递延所得税费用"的方式来满足权责发生制原则的要求,促使会计利润与所得税费用相匹配。

【案例 7-1】2022 年,甲公司会计利润总额为 100 万元。甲公司利润表中的信用减值损失为其计提的应收账款坏账准备 10 万元,甲公司企业所得税税率为 25%。

按照税法相关规定,企业计提的坏账准备只有在企业实际发生损失时,才允许在企业所得税税前抵扣,企业按照会计准则要求计提的坏账准备暂时不允许在税前抵扣。故,甲公司需要将会计利润调整为应纳税所得额(纳税调增 10 万元),最终,甲公司 2022 年的应纳税所得额合计为 110 万元,当期所得税费用=110×25%=27.5(万元)。

按照会计的权责发生制原则,所得税费用要与利润总额相匹配,会计上应该确认 25(100×25%)万元的所得税费用。按照税法规定,企业在当期需要多缴纳的所得税 2.5(10×25%)万元,如果能在以后期间抵扣的,该税会差异部分(27.5-25=2.5 万元）应该作为一项资产予以确认，甲公司应做如下会计分录：

借：递延所得税资产　　　　　　　　　　　　　　25 000

　　贷：所得税费用——递延所得税费用　　　　　　25 000

通过以上会计分录，甲公司利润表中的所得税费用 = 当期所得税费用 – 递延所得税费用 =27.5-2.5=25（万元），这与企业按照会计利润直接计算所得税费用时的金额相等。通过以上的操作，甲公司按照应纳税所得额计算和缴纳了当期所得税，满足了税务要求，通过贷记所得税费用（递延所得税费用）将会计口径的所得税费用减少，还原为与会计利润相匹配的所得税费用，遵守了权责发生制的会计核算原则。

### （二）确认递延所得税资产与负债的前提条件

确认递延所得税资产与负债需要满足以下三个条件。

#### 1. 存在暂时性差异

存在暂时性差异是指，会计和税务对企业的某项成本费用在企业所得税税前的抵扣规定是相同的，即该项成本费用是与企业经营相关的合理支出，在会计上是可以抵扣的，在税务上也是可以抵扣的，但两者对成本费用抵扣的时间存在暂时性差异，而非永久性差异。举例如下。

（1）固定资产一次性抵扣的暂时性差异。税务为鼓励企业创新和发展，减轻企业税负，在符合一定条件的前提下，允许企业一次性将固定资产原值在企业所得税税前抵扣。在业务实质和会计核算层面，企业的固定资产并非一次性提足折旧，并将其全部价值转移到受益产品上，而是在其使用寿命内，分期计提折旧和转移价值。这就会产生应纳税暂时性差异，企业在当期少缴纳了所得税，以后企业在会计核算上仍会继续计提折旧，减少了会计利润。由于企业已经一次性抵扣了所得税，后续计提的折旧不允许再次扣除，企业需要在所得税税前做纳税调增。

（2）税收滞纳金的永久性差异。企业不论是被行政机关处罚，还是因违反合同约定，受到其他民事主体的处罚，对企业来说都是损失，都需要列入成本费用，并减少利润总额。但对行政罚款而言，税法不允许企业在本期抵扣，也不允许企业在以后期间抵扣。在这类情形下，税法并非要求企业暂时性地进行纳税调增，而是永远不得抵扣，故，企业不存在确认递延所得税资产的基础与前提。

### 2. 未来能够产生足够的应纳税所得额

未来能够产生足够的应纳税所得额是确认递延所得税资产的重要条件，递延所得税资产也需要满足资产的定义及资产确认的条件。资产是企业过去的交易或者事项形成的，由企业拥有或者控制的，预期会给企业带来经济利益的资源。如果企业的某项可抵扣暂时性差异在未来为企业带来的经济利益流入具有较大的不确定性，则不能确认为资产。

在实务中，不少财务人员存在这样的疑问："可弥补亏损是否可以确认为递延所得税资产？"一般企业发生的亏损，在五年内可以在税前扣除，高新技术企业发生亏损后十年内可以在税前扣除。如果企业连年亏损，扭亏无望，或者盈利机会不大，基于谨慎性原则，一般不能确认递延所得税资产。

### 3. 暂时性差异带来的所得税抵扣时间可以确定

递延所得税资产的确定还需要满足"可抵扣暂时性差异带来的所得税抵扣的时间能够确定"这一条件。例如，子公司亏损严重，母公司对其计提了长期股权投资减值准备，税务并不认可企业所计提的各类资产减值准备（不考虑金融企业），企业在所得税税前需要做纳税调增。长期股权投资减值准备也会导致企业存在可抵扣暂时性差异，满足了确认递延所得税资产的其他两个条件。但是，由于对子公司的投资一般不会轻易转让或注销，除非母公司对其持有的子公司有明确的清算或股权转让计划，否则由于该暂时性差异为母公司带来的所得税抵扣时间无法确定，母公司因计提长期股权投资减值准备而产生的可抵扣暂时性差异通常也不能确认递延所得税资产。

## 二、中期财务报告中的递延所得税问题

上市公司除了披露年度报告外，还需要披露季度报告，尤其是半年报披露信息较为详细。实务中，很多企业中期财务报告（中期财务报告短于年度报告，包括月报、季报和半年报等）中的递延所得税资产和负债的会计核算都存在问题。

## （一）中期财务报告中的递延所得税核算问题

### 1. 完全按照年度纳税申报表的调整事项对季度所得税申报进行调整

与年度所得税汇算清缴申报相比，企业在季度预缴所得税纳税申报时，纳税调整项目要精简很多，对于一般企业来说，只涉及为数不多的几个纳税调整项目，如不征税收入、免税收入等。但不少财务人员会照搬企业所得税年度汇算清缴纳税申报的方法，例如，对招待费、资产减值、职工薪酬等进行调整，将调整项的合计金额随意放于某个项目中，从而造成多缴或少缴税款，违反了税法相关规定。

### 2. 递延所得税资产确认问题

企业中期财务报告的一个突出问题是多确认递延所得税资产。为了核算得更为规范，不少财务人员在中期财务报告中也对企业的各类债权计提了信用减值损失，企业也按照会计利润预缴了所得税。但与此同时，不少财务人员又对因计提坏账损失而导致的可抵扣暂时性差异确认了递延所得税资产。由于企业在预缴所得税时，针对企业在中期财务报告中计提的坏账准备并未进行纳税调增，而是按照会计利润直接预缴了所得税，因此不应该确认递延所得税资产。当然，不少财务人员在编制中期财务报告时，其他纳税调整项目也存在类似的问题。

产生以上问题的原因仍然是财务人员对递延所得税资产与负债的内涵不够理解，只是机械地模仿企业年报的编制规制。殊不知，财务人员如此进行会计处理，不仅未遵守权责发生制的基本核算原则，反而违反了该原则。因为，一方面，企业通过计提坏账准备减少了会计利润，并按照会计利润直接预缴了所得税；另一方面，在未对计提的信用减值损失进行纳税调增的情况下，又确认了递延所得税资产。如此的会计处理会造成企业对坏账损失相关的事项重复计算，虚增了资产。

### （二）恰当的会计核算方案

#### 1. 非上市公司或中小企业

非上市公司或中小企业的股东对会计信息的质量要求不那么高，可以按照简化的方法处理。企业直接按照（月）季度预缴所得税申报表的项目依次填列，并按照预缴所得税申报表所计算的应纳税所得额计算和预缴所得税，对（月）季度预缴所得税申报表与年度汇算清缴相比存在的差异不做调整，也不确认对应的递延所得税资产或负债。

#### 2. 上市公司或大型企业

上市公司或大型企业的股东对会计信息的质量要求较高，且公司涉及的业务种类较多，涉及金额较大，如果按照简化方法进行会计处理，可能会造成较严重的收入与成本费用不匹配问题。例如，某公司持有对被投资方具有重大影响的长期股权投资，为了保证投资收益确认的匹配性，提高各期报表的可比性，而不至于在年终一次性确认过多投资收益，该公司在中期财务报告中确认了投资收益。在这种情况下，该公司在所得税年度汇算清缴时可通过填报《投资收益纳税调整明细表》（A105030）进行纳税调整，而在季度预缴所得税时则不进行调整。

再例如，研发费用在月（季）度预缴所得税时不能加计扣除，年终才能加计扣除，这对企业应纳税所得额的影响也较大〔从 2021 年 1 月 1 日起，企业 10 月预缴申报当年第三季度（按季预缴）或 9 月（按月预缴）企业所得税时，可以自行选择就当年上半年研发费用享受加计扣除优惠政策〕。

企业所得税在季度预缴和年度汇算清缴时纳税申报表的各种填报差异，导致企业在年中预缴当期所得税的金额与年终实际缴纳的金额可能存在较大的差异，也可能对会计核算产生较大的影响。合理的会计核算方法需要满足以下两点要求。

（1）满足税务要求。企业预缴的所得税金额是税收相关法律法规的强制要求，企业需要严格按照预缴所得税纳税申报表来计算当期应该预缴的所得税金额。

（2）遵守企业会计准则。由于企业在所得税年度汇算清缴时所面临的规则是企业的真实税负，预缴所得税只是企业按照税务的要求进行的暂估。为了保证一贯的遵守企业会计准则与税务规则，在保证预缴金额准确的前提下，企业需要按照年度口径对涉及的税会差异进行调整，并充分考虑到各类暂时性差异。为便于读者理解，以下通过案例进行分析。

【案例 7-2】截至 2022 年 6 月 30 日，甲公司会计利润为 100 万元，计提了应收账款坏账准备 10 万元。由于企业在预缴所得税时不需要对坏账损失进行纳税调整，企业应该预缴企业所得

（100×25%）25 万元。如果企业按照年度汇算清缴的方法进行处理，需要对计提的坏账准备进行纳税调增，应纳税所得额为 110（100+10）万元，当期所得税为 27.5（110×25%）万元，并应该确认计提坏账准备对应的递延所得税资产 2.5（10×25%）万元。具体会计分录如下。

（1）按照年度口径计算当期所得税费用时：

借：所得税费用——当期所得税费用 275 000

　　贷：应交税费——应交所得税 275 000

（2）确认递延所得税资产时：

借：递延所得税资产 25 000

　　贷：所得税费用——递延所得税费用 25 000

（3）预缴所得税时：

借：应交税费——应交所得税 250 000

　　贷：银行存款 250 000

按照上述方法进行会计处理之后，企业预缴的所得税为 25 万元，符合税法的规定；企业确认的计入利润表的所得税费用 =27.5-2.5=25（万元）；同时资产负债表中确认了递延所得税资产 2.5 万元，应交所得税 =27.5-25=2.5 万元，保证了会计利润与所得税费用的匹配，资产与负债的完整，会计处理也符合规定。

那么，如果企业在直接按照会计利润预缴所得税 25 万元的同时，又对坏账准备计提递延所得税资产 2.5 万元，会导致何种结果？如以下会计分录所示。

（1）按照会计利润直接确认所得税费用时：

借：所得税费用——当期所得税费用　　　　　　　250 000

　　　贷：应交税费——应交所得税　　　　　　　　250 000

（2）确认递延所得税资产时：

借：递延所得税资产　　　　　　　　　　　　　　25 000

　　　贷：所得税费用——递延所得税费用　　　　　　25 000

（3）预缴所得税时：

借：应交税费——应交所得税　　　　　　　　　　250 000

　　　贷：银行存款　　　　　　　　　　　　　　　250 000

可见，与正确的核算方法相比，按照以上错误分录进行会计处理会导致企业虚增总资产 2.5 万元，少确认当期所得税费用和应交所得税 2.5 万元。如前所述，产生这一结果的原因是，企业确认递延所得税资产所依赖的是将其计提的坏账准备在所得税税前进行纳税调增，这样便形成了可抵扣暂时性差异；而企业在预缴所得税时并未对坏账准备进行纳税调增，在直接按照会计利润预缴所得税时，并未产生可抵扣暂时性差异。

## 三、税率发生变化对递延所得税资产与负债的影响

实务中，企业可能会因获得与丧失高新技术企业资格等而导致企业所得税税率发生变化。

## （一）税率发生变化后的核算要求

由于国家的产业政策，以及各行业税收优惠力度不同等原因，目前常见的企业所得税税率主要有：

（1）普通企业，税率25%；

（2）高新技术企业，税率15%；

（3）西部大开发企业，税率15%；

（4）农、林、牧、渔业等，免征所得税；

（5）小微企业，限额以下的实际税率为5%（财政部 税务总局2022年第13号公告：小型微利企业年应纳税所得额超过100万元但不超过300万元的部分，减按25%计入应纳税所得额，按20%的税率缴纳企业所得税）；

（6）某些行业（如从事国家重点扶持的公共基础设施项目的企业）所得税的"三免三减半"等情况。

根据《企业会计准则第18号——所得税》："资产负债表日，对于递延所得税资产和递延所得税负债，应当根据税法规定，按照预期收回该资产或清偿该负债期间的适用税率计量。适用税率发生变化的，应对已确认的递延所得税资产和递延所得税负债进行重新计量，除直接在所有者权益中确认的交易或者事项产生的递延所得税资产和递延所得税负债以外，应当将其影响数计入变化当期的所得税费用。"

### 1. 以计提坏账准备为例

企业计提坏账准备遵从的是企业会计准则的要求，在实际发生之前，税法并不承认这类损失。计提坏账会导致会计利润减少，企业在所得税汇算清缴时需要做纳税调整，增加应纳税所得额，企业在当期还需要缴纳因其计提坏账准备而减少的利润所对应的所得税。如果企业的债务人在将来发生了破产倒闭等事件，企业确认无法收回该债权，坏账损失已经真实发生，此时，税法允许企业抵扣坏账损失。按照税务规定区分会计期间来看，企业对坏账损失的可抵扣性存在暂时差异；但如果将整个过程看做是一个期间，将时间拉长来看，企业的最终纳税额没有差异。

### 2. 以业务招待费为例

对于业务招待费，税法规定按照发生额的 60%，但最高不得超过当年销售（营业）收入的 5‰ 扣除，超过的金额以后也不能够抵扣。如果企业当年的业务招待费超过了以上标准，本期需要进行纳税调增，但由于超额部分以后也不能够抵扣，这便成为永久性的差异，故企业不能够确认递延所得税资产。

## （二）案例分析

递延所得税资产和负债是基于会计、税务的差异与企业所得税税率计算而来的，当企业适用的税率发生变动时，递延所得税资产和负债势必也会产生变化。

【案例 7-3】甲公司是一家高新技术企业，适用 15% 的企业所得税税率，后来税务机关现场检查发现其研发费用造假，并不满足申请高新技术企业证书对研发强度的要求，故，甲公司被取消了高新技术企业资格。甲公司计提了 100 万元的坏账准备，无其他暂时性差异，账面递延所得税资产是 15 万元。由于甲公司的所得税税率已经变为 25%，坏账准备对应的递延所得税资产变为 25 万元，需要补提递延所得税资产 10 万元。会计分录为：

借：递延所得税资产 100 000

贷：所得税费用——递延所得税费用 100 000

需要注意的是，在本案例中，甲公司递延所得税资产增加了，所得税费用也冲减了，甲公司未来可以在企业所得税税前抵扣的金额增加了，这看似是有利的，但甲公司存在高新技术企业资格造假行为，税务机关可能要求其补缴以前年度漏缴的企业所得税及滞纳金。

## 四、专项储备税会处理及递延所得税问题

根据《企业会计准则第 30 号——财务报表列报》应用指南："企业如有下列情况，应当在资产负债表中调整或增设相关项目：（1）高危行业企业如有按国家规定提取安全生产费的，应当在资产负债表所有者权益项下'其他综合收益'项目和'盈余公积'项目之间增设'专项储备'项目，反映企业提取的安全生产费期末余额……"

根据《企业会计准则解释第 3 号》："高危行业企业按照国家规定提取的安全生产费，应当计入相关产品的成本或当期损益，同时记入'4301 专项储备'科目。"

## （一）计提专项储备的强制性规定

在实务中，哪些企业需要计提专项储备呢？根据《企业安全生产费用提取和使用管理办法》，在中华人民共和国境内直接从事煤炭生产、非煤矿山开采、石油天然气开采、建设工程施工、危险品生产与储存、交通运输、烟花爆竹生产、民用爆炸物品生产、冶金和有色金属、机械制造、武器装备研制生产与试验（含民用航空及核燃料）、电力生产与供应企业及其他经济组织（以下简称企业）需要计提专项储备。该办法所称安全生产费用（以下简称安全费用），是指企业按照规定标准提取，在成本中列支，专门用于完善和改进企业或项目安全生产条件的资金。

通过以上规定可知，需要计提专项储备的行业比较集中，主要是一些生产活动风险较大，容易出现生产安全事故的领域，如各类采矿业、危险品生产行业等。另外根据该文件，提取安全生产费用的标准主要分为四类：

（1）危险品生产与储存企业，以上年度实际营业收入为计提依据，采取超额累退方式，按照规定标准平均逐月提取；

（2）建设工程施工企业，以建筑安装工程造价为计提依据；

（3）煤炭生产企业，依据开采的原煤产量按月提取；

（4）非煤矿山开采企业，依据开采的原矿产量按月提取。

## （二）相关会计核算

企业提取安全生产费后，在实际使用时，安全生产费属于费用性支出的，直接冲减专项储备。企业使用提取的安全生产费形成固定资产的，应当通过"在建工程"科目归集所发生的支出，安全项目完工，达到预定可使用状态时，再确认为固定资产，同时按照形成固定资产的成本冲减专项储备，并确认相同金额的累计折旧。该固定资产在以后期间不再计提折旧。

### （三）是否确认递延所得税资产

#### 1. 专项储备属于所有者权益项目

按照《企业会计准则第 18 号——所得税》的规定，企业在取得资产、负债时，应当确定其计税基础。资产、负债的账面价值与其计税基础存在差异的，应当按照准则规定确认递延所得税资产或递延所得税负债。例如，企业针对一批产品销售计提了一项销售费用（维修费），并确认了预计负债，这类业务能够符合企业会计准则关于计提递延所得税的要求，该项预计负债并没有实际支付，确认的销售费用减少了会计利润，但税务上暂时不认可，需要在企业实际支出该笔费用时才能抵扣，企业可以针对该笔预计负债导致的可抵扣暂时性差异确认递延所得税资产。

在以上情形下，企业预提费用的对方科目是预计负债，属于负债类，但专项储备有其特殊之处，它属于权益类项目。多数的观点认为企业针对专项储备的计提不应该确认递延所得税资产，原因是专项储备不属于资产和负债，而是所有者权益下的一个项目，企业会计准则明确提出递延所得税资产和负债是由资产和负债的暂时性差异所导致的。

## 2. 专项储备资金的使用时间

除了上述资产和负债的税会差异外，造成企业在未来需要多缴纳或少缴纳所得税的情况主要还有：（1）可弥补亏损；（2）根据《企业所得税法实施条例》第四十四条，"企业发生的符合条件的广告费和业务宣传费支出，除国务院财政、税务主管部门另有规定外，不超过当年销售（营业）收入 15% 的部分，准予扣除；超过部分，准予在以后纳税年度结转扣除。"

但是，专项储备与上述情况具有显著的差异。上述列举的暂时性差异是企业的费用已经实际发生，按照税务政策企业可以递延到以后抵扣，而对于专项储备，企业在计提时并未实际支出，且在计提时一般也未明确以后的具体使用，因此从这个角度来看，企业对计提的专项储备确定递延所得税资产的依据不足。

## （四）合并财务报表对专项储备的处理

母公司对子公司按照成本法进行核算，在编制合并财务报表时，需要按照权益法模拟调整长期股权投资价值，并与子公司所有者权益进行抵销。但是，专项储备有其特殊性，它不是股东投入或者子公司日后经营过程中自然形成的，这与子公司账面的未分配利润、资（股）本溢价、盈余公积等明显不同，是特定行业被要求强制计提的产物，合并财务报表也有其特殊性。根据《企业会计准则第 33 号——合并财务报表》应用指南："'专项储备'和'一般风险准备'项目，由于既不属于实收资本（或股本）、资本公积，也与留存收益、未分配利润不同，在长期股权投资与子公司所有者权益相互抵销后，应当按归属于母公司所有者的份额予以恢复。"

【**案例 7-4**】甲公司持有乙公司 80% 的股权，乙公司期初无专项储备，本期计提专项储备 100 万元，实际使用了 50 万元，剩余 50 万元。假设甲公司的个别报表无专项储备，在甲公司编制合并资产负债表时，归属于母公司的专项储备账面价值为：

专项储备 =50×80%=40（万元）

合并所有者权益变动表需要对专项储备分别列示归母所有者权益和少数股东权益，即列示期初、计提、使用和期末余额。针对本例，归母金额为计提 80（100×80%）万元，使用金额为 40（50×80%）万元，期末余额为 40［（100-50）×80%］万元，少数股东按照其持股比例列报和披露。

还需要说明的是，在现金流量表补充资料的填报中，对于专项储备已计提未使用的部分，由于已经计入成本费用，影响到了净利润却没有现金流出，因此需要在附表其他项调增；如果涉及使用的专项储备用于构建固定资产，按照准则的要求，企业需要一次性计提折旧，在现金流量表补充资料中的"固定资产折旧、油气资产折耗、生产性生物资产折旧"处填列调增。

## （五）形成固定资产涉及的税会差异

根据《国家税务总局关于煤矿企业维简费和高危行业企业安全生产费用企业所得税税前扣除问题的公告》（国家税务总局公告 2011 年第 26 号）："煤矿企业实际发生的维简费支出和高危行业企业实际发生的安全生产费用支出，属于收益性支出的，可直接作为当期费用在税前扣除；属于资本性支出的，应计入有关资产成本，并按企业所得税法规定计提折旧或摊销费用在税前扣除。企业按照有关规定预提的维简费和安全生产费用，不得在税前扣除。"因此，使用专项储备构建的固定资产，需要计提递延所得税资产。

另外，根据财税〔2008〕48 号："企业自 2008 年 1 月 1 日起购置并实际使用列入《目录》范围内的环境保护、节能节水和安全生产专用设备，可以按专用设备投资额的 10% 抵免当年企业所得税应纳税额；企业当年应纳税额不足抵免的，可以向以后年度结转，但结转期不得超过 5 个纳税年度。"因此，对于当年未抵免完的专用设备投资额，可以确认递延所得税资产。

对于企业使用专项储备构建固定资产存在税会差异，并可以确认递延所得税资产，可以理解为：

（1）企业在计提专项储备时，按照企业会计准则的规定计入了成本费用，减少了利润，但是税务并不认可企业的计提项目，企业需要进行纳税调增；

（2）企业在购置固定资产之后，按照企业会计准则规定一次性提完折旧，累计折旧对应科目为专项储备，也未影响损益。

可见，企业在计提专项储备，并利用专项储备购置固定资产的业务中，已经发生的实际支出并未在所得税税前抵扣过，而根据税务规定，企业可以在日后对固定资产折旧进行分期抵扣，这便存在可抵扣暂时性差异，应该确认递延所得税资产。

# 五、职工教育经费计提及递延所得税问题

实务中，不少财务人员不确定职工教育经费是否必须计提，计提之后，企业实际使用得较少，导致职工教育经费的余额越来越大，也不确定职工教育经费对应的暂时性差异是否应该计提递延所得税资产。

## （一）职工教育经费的计提与抵扣

职工教育经费的计提是法律上的强制性要求，是用人单位应尽的义务，不按规定计提和使用是违法行为。根据《财政部 税务总局关于企业职工教育经费税前扣除政策的通知》（财税〔2018〕51号）："企业发生的职工教育经费支出，不超过工资薪金总额8%的部分，准予在计算企业所得税应纳税所得额时扣除；超过部分，准予在以后纳税年度结转扣除。"

## （二）递延所得税资产计提

递延所得税资产作为一项资产需要满足资产的定义，即，资产是由企业过去的交易或者事项形成的、由企业拥有或者控制的、预期会给企业带来经济利益的资源。根据相关规定，职工教育经费禁止挪作他用，须专款专用。企业在对职工教育经费没有明确使用计划的情况下，未来税前抵扣也是不明确的，职工教育经费导致的暂时性差异在可预见的未来转回具有不确定性。可见，企业若没有明确的使用计划，或者虽然制订了明确的使用计划，但是企业盈利能力较低，未来的应纳税所得额本来就不高，不需要使用职工教育经费来抵扣所得税，在类似情况下，企业不能确认递延所得税资产。

【案例 7-5】甲公司期初职工教育经费为 0 元，本期计提了 100 万元，实际使用了 10 万元，职工教育经费还有余额 90 万元，以下情况造成甲公司不能计提递延所得税资产。

（1）没有明确的使用计划

甲公司本年使用了 10 万元，原因是财政部接连修订了若干企业会计准则，需要财务人员去学习新收入准则、新租赁准则，以后什么时候会计准则会发生重大变化具有不确定性，企业也无计划让员工学习其他内容，这样甲公司就不能对因计提 90 万元职工教育经费而导致的暂时性差异确认递延所得税资产。

（2）后期盈利不足

甲公司由于相关行业低迷，连续两年亏损，企业什么时候能够实现盈利不确定，应纳税所得额小于 0，不缴纳所得税，自然也不能确认递延所得税资产。

最后需要注意的是，对于职工教育经费使用金额超过工资薪金总额 8% 的部分，允许以后年度抵扣，这部分可抵扣暂时性差异对应的递延所得税资产能否确认，判断条件与上文的分析类似。例如，某公司非常重视员工培训，职工教育经费的支出比例每年都超过职工薪酬的 8%，每年都足额抵扣了，无法再利用以前结余的部分，故不能确认递延所得税资产。相反，如果某公司通常情况下使用的职工教育经费为职工薪酬的 5%，今年由于情况特殊，支出的教育经费较高，达到了职工薪酬的 10%。由于税务规定一年最高可抵扣 8%，该公司在本年超过的 2% 可以在以后年度抵扣；又由于该公司通常职工教育经费的比例为 5%，以后每年尚存在 3% 的空间可以用于抵扣其在本年的超额职工教育经费支出，故可以确认递延所得税资产。

# 六、工会经费余额是否计提递延所得税资产

工会经费余额在递延所得税计提方面与职工教育经费有类似的特征，即这类费用的计提企业实际使用的时间可能不确定。另外，不少企业存在只计提不使用的问题，或者使用额与计提额相比很少。工会经费计提有强制性要求，比例为 2%，如果只计提不使用，会导致工会经费余额越积累越多。

## （一）递延所得税资产的确认条件

确认递延所得税资产需要满足以下条件。

（1）日后是否有足够的可供抵扣的应纳税所得额，这一点是任何可抵扣暂时性差异确认递延所得税资产都必须要满足的。如果企业日后亏损的风险较大，则不存在可供利用的应纳税所得额。

（2）在工资薪金总额 2% 的比例内计提和拨付。《企业所得税法实施条例》第四十一条规定："企业拨缴的工会经费，不超过工资、薪金总额 2% 的部分，准予扣除。"

（3）日后有明确的使用计划，这点与职工教育经费类似。如果企业只计提工会经费，但不使用，或者企业使用工会经费较为随机，计划性差，则较难满足确认递延所得税资产的条件。

（4）取得合规的可抵扣凭证。根据《国家税务总局关于工会经费企业所得税税前扣除凭据问题的公告》（国家税务总局公告 2010 年第 24 号）："自 2010 年 7 月 1 日起，企业拨缴的职工工会经费，不超过工资薪金总额 2% 的部分，凭工会组织开具的《工会经费收入专用收据》在企业所得税税前扣除。"

## （二）工会经费使用规范

工会经费的使用范围主要是会员和职工活动、工会业务支出等，企业需要在相关的范围内列支。实务中，有些企业在工会经费的使用上存在不规范之处，例如，某些企业为当年有子女升学的员工发放一定的奖金，直接通过工会经费支付。由于工会经费的支出范围有法定约束，如果支出范围不规范，会存在法律风险。从本质上说，以子女升学为名义给员工发放奖金，这类支出只针对特定员工，应该并入员工的工资薪金，合并计算缴纳个人所得税。如果是支付给员工子女，由于双方没有雇佣关系，应该按照捐赠支出计算，按照偶然所得20%的税率代扣代缴个人所得税。

工会组织的主要作用是维护职工作为一个整体的合法权益，如果职工受到了不公正对待，工会有责任进行救济。当然，工会在进行活动时需要支出一些费用，这些费用就是工会经费的使用范围。对向个别员工发放奖金，通过工会经费进行支出，属于扩大了工会经费的使用范围，存在一定的法律风险。

## 七、企业合并中的递延所得税

在证监会会计部联合沪深交易所共同开展的2020年度财务报告审阅中，发现存在如下问题：

个别上市公司对于购买日子公司资产和负债的公允价值与其计税基础之间的差异，未确认递延所得税的影响，且未说明原因；个别上市公司将收购日子公司资产、负债公允价值与原账面价值的差额产生的后续折旧、摊销费用，错误地计入资本公积，未在合并财务报表层面恰当确认相关成本费用。

单体报表中，对于计提坏账准备等导致的常规暂时性差异，大部分财务人员都可以理解。但合并财务报表有其特殊性，这就导致一些财务人员理解不到位，造成了会计差错。一般来说，被购买方仍按照过去的组织架构持续经营，并购后只是股东发生了变更，对被并购的子公司来说，资产和负债仍是按照历史成本进行计量，所以单体报表不存在特别的纳税调整，也不存在资产负债账面价值的调整，历史上存在多少税会差异，并购后仍存在多少税会差异。

合并财务报表是基于购买的理念，而购买成本是基于资产负债经评估的公允价值，所以合并财务报表需要将子公司的资产负债调整到公允价值，这时合并财务报表中资产和负债的账面价值与税务认可的价值就会产生差异。

【案例 7-6】2022 年 8 月，甲公司从自然人丙处购买了其持有的乙公司 100% 股权，乙公司成为甲公司的全资子公司。乙公司账面有应收账款 100 万元，计提了 5 万元的应收账款坏账准备，这 5 万元的坏账准备在实际发生之前，不允许在企业所得税税前抵扣，造成了可抵扣暂时性差异，乙公司需要调增应纳税所得额，并确认递延所得税资产。

乙公司的企业所得税税率是 25%，在计算需要缴纳的当期所得税时，应纳税所得额需要调增 5 万元，所得税费用调增 1.25

（5×25%）万元，确认的递延所得税资产也是 1.25 万元。

借：递延所得税资产 　　　　　　　　　　　12 500

　　贷：所得税费用——递延所得税费用 　　　　　　　　12 500

乙公司在经过以上的会计处理之后，一方面确认了递延所得税资产，减少了所得税费用——递延所得税费用；另一方面多缴纳了当期所得税费用。会计口径的所得税费用由当期所得税费用和递延所得税费用构成，二者一增一减，保证了所得税费用一级科目与会计利润的匹配。

假如甲公司在购买乙公司时，乙公司账面原值 100 万元的应收账款评估值为 90 万元，税务认可的是 100 万元。合并财务报表的税会差异是 10 万元，对应的递延所得税资产为 2.5 万元，而乙公司个别报表账面已经列报了 1.25 万元，合并财务报表还需进一步确认 1.25 万元。

## 第八章

# 营业收入

## 一、客户（超）常规保修条款的会计处理

在实务中，针对一些需要保修或者提供售后服务的产品，销售方通常会给予一年的保修期或售后服务，对于某些优质客户或大客户，合同可能会约定两年的保修期或售后服务。这类合同条款在精密仪器设备的购销合同中较为常见。实务中，不少财务人员忽略了此项特殊条款，没有进行恰当的会计处理。

### （一）常规质保的会计处理

大多数情况下，在电子类或其他一些产品的销售合同中，会明确约定一年的质保期，这是国家强制要求，或者行业要求。质保期可能是公司销售合同的一项格式条款或统一销售政策，针对所有客户均提供一年的免费质保服务，在非人为因素损坏的情况下，一年之内免费保修。新收入准则给出了合同收入确认的五步法模型，企业需要识别合同中包含的各单项履约义务。常规保修不属于单项履约义务，不需要对其分摊合同对价。质量保证责任应当按照《企业会计准则第 13 号——或有事项》的规定进行会计处理。

【案例 8-1】甲公司出售了 1 000 元的电子产品，根据以往经验，大约会发生 10% 的产品质量问题，预计产生 100 元的维修费。甲公司适用 25% 的企业所得税税率，相关的税会处理如下。

1. 会计处理

在会计上，甲公司应先根据历史经验或其他合理的方法，对当期销售产品预计会发生的质保金支出进行预提，实际发生额与预提金额有差异的计入当期损益。会计分录如下。

（1）计提预计负债：

借：销售费用——维修费                           100

    贷：预计负债——产品保修费               100

（2）确认递延所得税资产：

借：递延所得税资产                （100×25%）25

    贷：所得税费用——递延所得税费用       25

（3）实际发生维修支出时：

借：预计负债——产品保修费                 90

    贷：银行存款                             90

（4）冲减递延所得税资产：

借：所得税费用——递延所得税费用    （90×25%）22.50

    贷：递延所得税资产                       22.50

由于甲公司已经实际支出了 90 元维修费，这部分金额已经不存在税会暂时性差异，故需要冲减与之对应的递延所得税资产。如果甲公司实际发生的维修费大于预提金额，差额确认为当期损益，递延所得税资产和预计负债全部冲减。

2. 税务处理

在税务上，如果计提的预计负债未实际支出或未足额支出，需要在所得税纳税申报时进行纳税调增，即，账载金额为 100 元，税收金额为 90 元，甲公司针对该业务需要纳税调增 10 元。换言之，甲公司预提了 100 元的销售费用，但本期实际支出了 90 元，未实际支出的部分需要纳税调增，增加应纳税所得额。

### （二）超常规质保条款的会计处理

新收入准则要求，对于附有质量保证条款的销售业务，企业应当评估该质量保证是否在向客户保证所销售商品符合既定标准之外提供了一项单独的服务。超常规保证条款属于企业向客户提供了额外的服务，应当作为单项履约义务。

【案例 8-2】沿用案例 8-1，甲公司针对乙公司在常规保修条款之外，多给予了 1 年的质保期，同类质保服务可单独对外提供。在这种情况下，甲公司需要将收到的合同对价在电子产品销售和额外的一年质保服务之间按照相对售价进行分配。

甲公司从乙公司获得了不含税合同收入 1 000 元，甲公司 1 台设备的平均售价为 1 000 元，质保服务收费为一年 20 元，那么分摊到设备的收入和质保的收入分别为：

分摊到设备的收入 =1 000×［（1 000÷（1 000+20）］
=980.39（元）

分摊到质保的收入 =1 000-980.39=19.61（元）

由于质保服务尚未提供，甲公司需要对质保收入予以递延确认，先将分摊的质保服务合同对价确认为合同负债。在对质保服务的后续计量中，主要有两种模式：其一，甲公司在服务期内，按月提供无差异的维修服务，在这类情况之下，甲公司应该将质保费按月分期确认收入；其二，如果维修服务是针对某类配件的免费更换义务，则甲公司可以在发生更换配件时确认收入，并在服务期结束之时，将剩余的合同对价一次性结转为收入。相关会计分录如下（暂不考虑增值税）。

（1）销售产品时：

借：银行存款等          1 000.00

  贷：主营业务收入        980.39

    合同负债         19.61

（2）按月提供保修服务时：

借：合同负债       （19.61÷12）1.63

  贷：主营业务收入         1.63

## 二、新收入准则下销售佣金的核算问题

新收入准则提出了合同履约成本、合同取得成本等概念，按照新收入准则关于合同成本的规定，公司因为取得合同而发生的

佣金，可以从客户处获得弥补的，允许计入合同成本。由于新收入准则及应用指南均未指明具体的会计核算科目，实务中一些财务人员认为所有的合同成本最终均应该结转至营业成本。

【案例 8-3】甲公司为一家房地产公司，对销售人员实行"底薪＋佣金"的薪酬方案。新收入准则实施之后，甲公司财务人员先将销售人员的佣金确认为合同取得成本，在确认房屋销售收入时，再将佣金结转为营业成本。

### （一）销售佣金能否资本化的前提条件

按照新收入准则的规定，销售方对销售佣金能够先予以资本化的，需要满足以下条件：

（1）该成本与一份当前或预期取得的合同直接相关；

（2）该成本增加了企业未来用于履行履约义务的资源；

（3）该成本预期能够收回。

### （二）销售佣金的结转

合同取得成本与存货由不同的企业会计准则规范，通常来说，存货的销售成本会结转到营业成本。销售方对销售佣金先予以资本化，确认为合同取得成本，并不意味着销售佣金最终会结转到营业成本。

一方面，根据新收入准则应用指南的示例："根据甲公司的相关政策，销售部门的员工每取得一份新的合同，可以获得提成100元，现有合同每续约一次，员工可以获得提成60元，甲公司预期上述提成均能够收回。"可知，此增量成本（佣金）是向销售人员支付的，而非向生产工人支付，应该计入销售费用。

另一方面，从商品的生产过程来看，在货物满足可销售状态之前，销售人员不参与商品的生产活动，不会增加其价值；在转移阶段，按照新收入准则，由公司承担的运费计入合同履约成本，最后结转到营业成本，但运费是交付的必需手段，物流实现空间位移，增加商品价值是普遍的经济现象。

销售人员获得的佣金与以上的生产活动和交付活动均不相同，是新收入准则为了保证收入和成本费用的匹配性，在成本费用可以由合同收入弥补，且成本费用与收入具有密切联系的前提下，允许销售方对佣金递延确认，不计入当期损益，在确认收入之时，对应的确认佣金费用。在未确认收入之前，根据流动性，销售方将佣金列报为其他流动资产或其他非流动资产，在确认收入之时结转到销售费用。

## 三、存在延期交货违约情况下的收入确认

在商务活动中，购销双方都拥有一定的权利与义务，某一方如果违反了合同的约定，则需要承担一定的违约责任。在某些情况下，销售方未能在合同约定的时间将货物送至客户处，且货款尚未收到，客户可能直接扣除违约金，只支付剩余的款项。另

外，财务人员、审计师还需要根据实质重于形式的原则进行会计处理，对交易双方的特殊关系及交易条款的公允性进行判断，防止双方以违约之名行舞弊之实。

【案例 8-4】甲公司向乙公司销售一批设备，合同价为不含增值税 10 万元，由于甲公司延期交货，存在合同违约行为，故乙公司在扣除违约金之后，向甲公司支付了 9 万元货款。甲公司财务经理对该业务的会计处理存在一定的疑问，不确定少收取的货款应该计入"营业处支出"还是冲减"营业收入"；如果冲减"营业收入"，是否需要判断是质量问题还是延迟交货问题。另外，如何确保增值税、企业所得税等数据的一致性？

针对上述疑问，年报审计师给出了如下处理意见：

（1）少收的货款参照现金折扣，计入财务费用；

（2）在增值税方面，视为延迟交货，企业可全额开票，不需要冲减营业收入；

（3）在企业所得税方面，应认定为违约金，计入营业外支出。

对于上述案例中延期交货违约情况下的收入确认问题，年报审计师给出的意见是否合理可行呢？分析如下。

## （一）收入确认时点的判断

控制权转移是收入确认的前提，与控制权转移相对应的通常是客户的签收。签收单、货运单或类似的凭证不仅是财务人员进行收入确认的重要依据，也是审计的重点。案例 8-4 中的甲公司存在延迟交货的情况，对方少支付了款项，事后甲公司需要进行账务调整或处理，这说明甲公司存在提前确认收入的问题。如果甲公司在客户签收，将设备的控制权转移给乙公司后，才确认收入和开具销售发票，就不会面临是否冲减营业收入等问题。

## （二）冲减收入还是计入营业外支出

本案例的问题需要根据双方业务的真实性进行有区别的会计处理。

### 1. 在业务真实，价格公允的情况下

在正常的市场条件下，甲公司基于货物的市场价值进行的销售，应该将收入和支出分开来考虑并进行核算。甲公司应该按照合同价格确认收入，并将少收取的款项作为罚款支出，计入营业外支出。会计分录为：

借：银行存款            90 000

  营业外支出           10 000

   贷：应收账款          100 000

在这种情况下，销售收入为 10 万元，这是确认增值税的基础，也是计算所得税的基础，三者不存在差异。

## 2. 在业务不真实，价格不公允的情况下

如果是关联交易等非市场化的行为，直接冲减销售收入更合理。如果将少收取的款项计入营业外支出，则会虚增营业收入和支出，夸大经常性收入。这样处理容易导致会计操纵，即企业可能会做大合同金额，通过延迟发货和少收货款，将差额计入营业外支出，达到虚增营业收入和毛利的目的。

在这种情况之下，财务人员应该按照实质重于形式的会计核算原则，核减营业收入，企业所得税也可以按照核减后的营业收入来申报。对于增值税，由于甲公司开具了全额发票，需要按照未调减的收入缴纳增值税，故计算和缴纳增值税的收入与会计核算的营业收入金额并不相等。会计分录为：

借：银行存款　　　　　　　　　　　　　　　90 000

　　贷：应收账款　　　　　　　　　　　　　100 000

　　　　主营业务收入　　　　　　　　　　　10 000

那么，甲公司将少收取的款项确认为财务费用是否合理呢？现金折扣通常是在收入已经确定的前提之下，供应商为了尽快回笼资金，会基于提前收回的时间给予客户一定的折扣激励。这个折扣是在收入已经确定的前提下产生的，是对货币时间价值的补偿，而延迟交货是在收入确认之前就发生的事件，本质上，在延迟交货的情况下，还不满足收入确认的条件，故将少收取的款项确认为财务费用并不合理。

# 四、试用期产品的收入确认

对于一些耐用品，销售方为了促进销售可能会允许客户在一定时间内进行试用。由于涉及试用，客户既可能选择购买产品，也可能会在使用一段时间后选择退货，从而导致产品被客户签收后，销售方可能不满足收入确认的条件。这就需要财务人员结合业务实质进行综合判断，恰当地做出会计处理。

【案例 8-5】甲公司向乙公司出口一台设备，该设备的成本为300 万元，合同约定不含税售价为 500 万元。双方约定测试期满6 个月后，如果各项技术指标符合买方要求，买方行使优先购买权；如果不符合要求，客户将此设备退回。甲公司财务人员认为应该分情况讨论该业务的会计处理。

收入确认需满足一定的条件，是否符合收入确认条件，是肯定与否定的关系，不存在分情况讨论的问题。或者说，按照客户接受设备的概率进行估计，即所谓的概率加权，如设备价值 500万元，客户接受的概率为 60%，不接受的概率为 40%，按照概率计算的收入确认额 =500 × 60%+0 × 40%=300（万元）。收入确认实际是"点估计"，或者接受，或者退回，只有基本确定的情况下才能确认收入，且收入不存在重大转回风险。

## （一）对客户是否取得商品控制权的判断

根据《企业会计准则第 14 号——收入》的规定，对于在某一时点履行的履约义务，企业应当在客户取得相关商品控制权时点确认收入。在判断客户是否已取得商品控制权时，企业应当考虑下列迹象：

（1）企业就该商品享有现时收款权利，即客户就该商品负有现时付款义务；

（2）企业已将该商品的法定所有权转移给客户，即客户已拥有该商品的法定所有权；

（3）企业已将该商品实物转移给客户，即客户已实物占有该商品；

（4）企业已将该商品所有权上的主要风险和报酬转移给客户，即客户已取得该商品所有权上的主要风险和报酬；

（5）客户已接受该商品；

（6）其他表明客户已取得商品控制权的迹象。

## （二）会计处理

拥有收取货款的权利是销售方确认收入的重要条件之一，但在本案例中，客户拥有退货的权利，且甲公司不能排除客户不行使这一权利。可见，甲公司收入确认的依据还不充分，需要等客户明确接受设备后才能确认，在此期间可作为发出商品来核算，客户接受设备后，再确认收入和结转成本。

相关会计分录如下。

（1）甲公司发出商品时：

| | | |
|---|---|---|
| 借：发出商品 | | 3 000 000 |
| 　　贷：库存商品 | | 3 000 000 |

（2）乙公司确认购买商品后：

| | | |
|---|---|---|
| 借：应收账款 | | 5 000 000 |
| 　　贷：主营业务收入 | | 5 000 000 |
| 借：主营业务成本 | | 3 000 000 |
| 　　贷：发出商品 | | 3 000 000 |

（3）如果乙公司将设备退回：

| | | |
|---|---|---|
| 借：库存商品 | | 3 000 000 |
| 　　贷：发出商品 | | 3 000 000 |

由于该设备试用期较长，甲公司一般无法按照原价来实现销售，且可能还有新型设备问世，该设备很可能会存在减值的情况，需要进行减值测试，存在减值迹象的要计提存货减值准备。

最后，该设备价值较大，且试用期长达 6 个月之久，试用期后才能确定客户是否接受该设备。在正常的商业交易中，这样的条款明显对供应商不利，需明确其是否为行业内通行的做法，或是否存在该条款具备合理性的其他依据。虽然从案例背景信息来看，甲公司不能针对该业务确认收入，但财务人员需要根据实质重于形式的原则做出专业判断。如果存在其他事实能够证明甲公司已经转移了该设备的控制权，那么还是有可能满足收入确认条件的。例如：

（1）在设备安装后，客户无法进行拆除，或者拆除设备的成本过高；

（2）双方长期合作，设备指标稳定可靠，从未发生过退回；

（3）退回设备将造成客户停产停业，预计不会发生。

总之，如果甲公司半年后再确认收入，可能会造成会计信息不准确或存在财务舞弊等情况。提前确认收入与延迟确认收入均属于违反企业会计准则的行为，财务人员对该业务要综合判断，防止以偏概全。

## 五、设备组装业务客户违约并终止合同的收入确认

对于产品销售业务来说，如果发生客户退货问题，会计处理通常较为简单。但若涉及复杂设备的安装业务，会计处理就会存在一定的难度。

【案例 8-6】甲公司从事组装设备销售业务，按照终验法确认收入，前期收到的款项计入合同负债。甲公司承建了乙公司的某大型设备组装项目，后由于乙公司资金链紧张放弃了该项目。甲公司获得了该项目的终止协议，财务经理将发生的少量人工和材料费支出直接结转营业成本，但对合同负债结转损益时，是应该转入营业收入还是营业外收入表示不确定。在 2022 年年报审计

时，审计师对合同终止时发生的不需要退回的预收账款的税会处理有自己的理解，具体如下。

1. 预收账款的处理

审计师认为计入营业收入更恰当，因为项目存在成本支出，因客户原因终止了合同，预收客户款项经协商后不退回的，在合同金额范围内的预收款项应转入营业收入，超出合同金额的额外补偿考虑核算为营业外收入。

2. 增值税的处理

审计师认为项目前期已发生少量支出，预收款项结转至营业收入时已经产生纳税义务，应该缴纳增值税。

本案例所涉及业务的收入确认方法有值得商榷的地方。甲公司采用终验法确认收入，可能是基于两点考虑：一是谨慎性；二是难以对安装进度进行准确估计。实际上，这两点又是紧密相关的，对施工进度估计不准确，为了避免被外部人士所质疑，而采取了保守的终验法确认收入，这是出于谨慎性的考虑。一般来说，如果施工或安装进度不易估计，或者说工期较短，按照工程进度确认收入的确不如按照终验法确认收入客观。但是，按照终验法确认收入会存在收入确认不及时的问题，而对应的合同成本已经发生了。

该公司业务是销售组装设备，安装可能较为费时，故安装是重要的合同内容，不是简单的设备销售，可能存在两种情况：一种是甲公司涉及兼营，即同时销售商品和提供安装服务，涉及两类单项履约义务，并单独计价；另一种是甲公司提供一项整合服务，产品销售与安装服务无法单独计价。根据案例背景信息，该业务更可能属于后者。根据收入准则的相关规定，收入确认分为时点和时期两类，对于安装服务，实际是一个时期的概念。对于工程安装服务，应该按照工程进度确认收入，所确认的收入发生重大转回的可能性要低。如果工程进度不能够准确确定的，在已经发生的成本限额内，能够收回或得到补偿的部分应该确认为收入。

本案例中，甲公司已经通过预收款和合同的形式保证了前期的施工成本能够收回，实际已经符合了确认收入的基本条件，因此，相关业务的预收款项应该计入营业收入，并按照对应业务的税目与税率缴纳销项税。最后，由于甲公司收取的款项均基于合同关系，是对安装服务的成本弥补，属于营业收入，并不需要再拆分为营业收入与营业外收入两部分。

## 六、营业收入扣除问题

收入规模代表企业的成长性和发展前景，是投资者重点关注的财务指标。总额法与净额法是会计核算中的一个重要问题，如果企业错误地采用总额法或净额法确认收入，将造成收入规模的极大变化，导致投资者无法准确判断企业的财务状况和经营成果。

简而言之，总额法是按照从客户处获得的全部不含税合同价款确认营业收入,采用总额法的前提是销售方拥有对商品的控制权,对客户承担了主要责任。销售方作为委托方的代理人时,通常按照净额法确认收入,即按照其有权获取的手续费确认收入。例如,火车票代售点从乘客处收取了 105 元,其中 100 元是需要转交给铁路公司的运费,只有 5 元是属于自己的服务费,故只能够按照 5 元确认收入,而不能按照 105 元确认收入。

根据上海证券交易所发布的《上海证券交易所上市公司自律监管指南第 2 号——财务类退市指标:营业收入扣除》《科创板上市公司信息披露业务指南第 9 号——财务类退市指标:营业收入扣除》,深圳证券交易所发布的《上市公司业务办理指南第 12 号——营业收入扣除相关事项》《创业板上市公司业务办理指南第 13 号——营业收入扣除相关事项》(下文统称《营业收入扣除指南》):

(1)本会计年度以及上一会计年度新增贸易业务所产生的收入,将被视为具体扣除项从公司的营业收入中扣除;

(2)为防范审计意见与营业收入扣除事项相互矛盾,对于出具标准无保留审计意见,但营业收入扣除项出现不具备商业实质收入的,年审机构应当核查并做出说明。

【案例 8-7】甲公司从事贸易业务,无生产活动。甲公司作为母公司从子公司或供应商处采购存货,并向大客户销售,实际的物流和售后服务全部由子公司或供应商完成。2020 年底,甲公司将子公司出售给供应商，并继续负责大客户销售，不负责物流和售后服务。在年度审计中，某审计师提出如下质疑。

（1）由于甲公司在2021年的销售中已不存在商品控制权的转移，且不承担售后，因此应将收入确认方法从总额法改为净额法。

（2）甲公司单体的业务模式，近几年都没有发生改变，但从合并财务报表来看，其前几年销售中都有商品控制权转移和售后服务，2021年却没有了，这是否应视为业务模式的改变，将2021年的收入作为新增贸易收入，从营业收入中扣除？

（3）在审计中，对不具有商业实质的收入，是否要全部调整为净额法才合理？

《营业收入扣除指南》的制定是为了防止企业实施收入舞弊行为。为防范审计意见与营业收入扣除事项相互矛盾，指的是审计报告的类型要恰当。如果被审计单位将应该按照净额法确认的收入按照总额法确认了，审计师出具标准无保留审计报告就不恰当了。总额法和净额法确认收入是一个常见的问题，在某些行业需要重点关注，如涉及贸易、平台服务的行业等。但需要具体问题具体分析，切不可一概而论，并非一谈到贸易就必然对应着净额法。

实务中，企业将本应按照净额法确认的收入最终按照总额法确认了的情形主要有以下两类。

第一，无交易背景的财务舞弊行为。销售方与采购方通过互相的虚开发票，虚增收入规模，这类情况并不存在实物流转，属于没有商业实质的行为。实施财务舞弊的企业按照相等（或者几乎相等）的金额采购存货，并销售存货，按照净额法核算的结果是营业收入为 0（或者接近 0）。

第二，有真实的交易背景，会计核算存在错误。销售方并非承担主要责任和风险，只是居间撮合的中介角色，仅赚取少量服务费。在这种情况下，销售方应该按照收取的服务费确认收入，而不是将全部收款额确认为收入。其中，除了服务费，大部分款项均为需要返还给委托方的款项，收付款是代收代付的性质。

总额法与净额法确认收入的情形正好相反，企业对客户承担了主要的责任和风险，即企业先购入了存货，后转让。但是，企业承担的风险和责任可能是多维度的，如本案例中的甲公司在2020 年底将子公司出售给供应商，甲公司继续负责大客户销售，不负责物流和售后服务。甲公司拥有更好的资质、大客户资源等，这些是甲公司的核心资产，如果产品出现瑕疵可能会使甲公司的商誉及其他赖以生存的资产受到损害，甲公司承担了重要的责任和风险，因此，可以按照总额法确认收入。总之，企业是按照总额法还是净额法确认收入，需要进行全面的考虑，不可只局限于某一方面。

## 七、通过转让货权凭证进行交易收入确认

实务中，只有票据流但缺乏实物流，可能意味着企业存在财

务舞弊行为，虚构了营业收入；也可能是企业接受委托方的委托，从事代理业务，以获取代理费收入，实物流不体现在受托方的财务账上。但是，并非无实物流就说明企业存在舞弊行为或者从事代理业务。在国际贸易或者大宗货物的国内贸易中，企业常常通过单据实现交易，主要原因是货物不便于随时移动，货物是真实存在的，单据可以代表货物所有权。

【案例 8-8】A 公司受到证监会的处罚，处罚原因是该公司在没有真实交易背景的情况下，通过获得供应商虚开的采购发票，和向客户虚开发票，在存在实际资金流转的情况下进行财务舞弊，即三流中存在发票流、资金流，但是没有实物流。

B 公司主营贸易业务，交易没有实物流，只通过转让货权凭证实现交割，如公司在上海的上港仓或中储仓交易电解铜，仓储按 3 元 / 吨收取过户费，销售毛利很低。那么，B 公司的业务类型是否与 A 公司类似，是否也缺乏合规性？

## （一）案例异同分析

上述案例中 A 公司和 B 公司业务类型的相同点是无实物流转，但也有本质区别，即 A 公司是在没有业务背景的前提下，通过虚开发票确认收入，而 B 公司具有真实的业务背景。在新经济背景下，先有订单，后采购货物，这类的模式越来越普遍，例如，很多电商不持有存货，而是直接从工厂发货。A 公司存在舞弊行为，但对 B 公司来说，并不存在违规行为。这里需要探讨的是在这种业务模式下，B公司应该按照总额法确认收入，还是按照净额法确认收入。两类收入确认方法对于B公司的收入规模影响很大，也可能会影响报表使用者对经济业务的判断与投资决策。

### （二）对总额法和净额法确认收入的判断

我们常常认为毛利率低是按照净额法确认收入的突出表现。对于以代理人身份出现的贸易公司，代理费收入往往是购销差价，或者交易总额的一定占比，通常按照净额法确认收入。但是，企业不能单纯地因为毛利率低就认定应该按照净额法确认收入，主要的判断依据应是基于转让方是否承担了对客户的主要责任，是否控制了存货并承担了存货风险等实质性因素。提货单等货权凭证可以代表企业对货物的所有权，在大宗货物的交易中，转让提货单等同于转让货物本身。

总之，具体应该按照何种方法确认收入，需要先考虑经济业务实质，通过合同条款分析贸易公司是承担主要责任还是仅充当代理人角色，再判断收入确认是按照总额法还是净额法，不可一概而论。

## 八、加盟费收入的税会处理

加盟费在食品销售、餐饮业较为普遍，如常见的全国性的鸭肉食品店和麻辣烫店，区域性的红肠店等。这些企业往往有一部分是直营门店，但为了开拓市场，提高市场占有率和利润，会吸纳不少加盟商。通常，加盟商要在拟开店的位置、人流量、营业面积等满足品牌商的要求，并缴纳一定金额的加盟费，按照品牌商的统一形象和风格等进行装修后，才可以挂上品牌商的招牌开店营业。加盟商每次采购货物，需要向品牌方支付货款。实务中，一些品牌商对加盟费的税会处理存在一些问题，具体如下。

### （一）收入确认

品牌商收取加盟费所提供的不是产品，而是服务，实务中常见的错误是品牌商将收到的加盟费一次性计入收入。由于品牌商通常是一次收取一年或以上的加盟费，在此期间品牌商是持续性、无差异地提供同种类的服务（包括定期巡视门店，检查门店存在的错误或问题，向门店提出指导意见，对门店经营人员进行培训等），需要按照收取加盟费所涵盖的期间分期确认收入。如果品牌商收取加盟费后，无须提供任何服务，也不存在退款的情况，加盟费可以一次性计入加盟收入。

### （二）税务处理

品牌商通过让渡其商标、名称等的使用权获取收入，应该按照特许权使用费税目缴纳增值税销项税，税率为6%，但实务中，一些品牌商对收取的加盟费并未缴纳增值税。另外，除了加盟费，加盟商每次订货，品牌商都需要收取货款，一般货物的税率

（13%）高于加盟费税率。这种情况下，品牌商要保证货物销售价格的公允性，不能通过收取高额加盟费，日常以低于或接近成本的价格销售货物，否则会存在税务风险。

# 九、收入确认暂停的会计处理

收入确认一般分为按照时点确认和按照时期确认两种。按照时点确认收入，如个人消费，一手交钱一手交货；按照时期确认收入，往往涉及服务业，多为采取预付款的形式，如小区的物业服务、健身房收入、理发次卡等，当然也涉及建设周期较长的一些行业。

以健身卡为例，健身卡通常有两种：一种是期间卡，另一种是次卡。期间卡根据期间的长短还有更细的划分，如年卡、半年卡及季卡等。对于期间卡，在正常的情况下，需要将收入在提供服务的期间内进行分摊，分期确认收入。次卡有其特殊性，从理论上说，按照消费次数占比确认收入更为合理，例如，3 000 元 100 次，则每消费一次确认收入 30 元。

在既存在次数限制，又有期间限制的情况下，按照期间分期确认收入更合理。理由如下：

（1）正常情况下，客户是均匀消费的，与期间卡的消费模式类似；

（2）如果不是均匀消费，而是在最后一段时间突击消费，这会导致最后一段时间确认收入占比过大，但成本费用并不会因为消费频率的变动而变动，这些行业的特点是固定投资大，折旧和房租等固定成本占比高。

在特殊时期，如健身房等需要长期停业，其应将客户健身卡的期间相应延长，这就需要延后确认收入。虽然停业期间不确认收入，但相关的成本费用（主要是健身器材折旧和健身房租金摊销等）并不会暂停折旧或摊销，只是不核算为服务成本，而是计入管理费用。

## 十、买赠业务的税会处理

市场上的买赠业务非常普遍，尤其是在消费类行业。实务中不少企业买赠业务的税会处理都存在问题，从而引发了一定的税务风险。

### （一）买赠业务的类别

常见的买赠业务大致有以下几类：

（1）为吸引客户，初次接洽直接赠送产品；

（2）销售自产甲产品，送自产乙产品；

（3）销售自产甲产品，送外购乙产品，或反之；

（4）销售免增值税甲产品，送增值税应税乙产品；

（5）销售增值税应税甲产品，送增值税应税乙产品，但两种产品的增值税税率不同。

### （二）买赠业务税会处理的常见问题

实务中，买赠业务税会处理的常见问题如下：

（1）直接对外赠送的，只计入成本费用，未计提和缴纳销项税，即未视同销售；

（2）受赠方为个人的，未代扣代缴个人所得税；

（3）赠品开具在发票备注一栏，未在同一张发票"数量、金额"栏注明；

（4）在同一张发票"数量和金额"栏注明了销售与赠送的部分，但对于赠送的部分又按照负数列示一次，导致实际销售数量未体现出赠送部分，造成企业 ERP 系统与发票记录销售数量不一致；

（5）企业将销售单上的赠品价格设置为 0，开具发票时将总价在各产品之间进行分配，造成企业 ERP 系统与发票记录的各产品销售金额不一致。

另外，当以上买赠业务涉及的两类产品的增值税税率不一致时，企业还面临着增值税计算和缴纳不准确的税务风险。

### （三）税会处理要求

根据《国家税务总局关于折扣额抵减增值税应税销售额问题通知》（国税函〔2010〕56 号）："纳税人采取折扣方式销售货物，销售额和折扣额在同一张发票上分别注明是指销售额和折扣额在同一张发票上的'金额'栏分别注明的，可按折扣后的销售额征收增值税。"另外，根据《国家税务总局关于确认企业所得税收入若干问题的通知》（国税函〔2008〕875号）第三条："企业以买一赠一等方式组合销售本企业商品的，不属于捐赠，应将总的销售金额按各项商品的公允价值的比例来分摊确认各项的销售收入。"该条款不仅是税务上的要求，也符合收入确认的要求，按照新收入准则五步法模型，需要将合同对价在各单项履约义务之间进行分摊，上述买赠业务涉及的各产品显然是可以明确区分和单独计价的。

将合同价在各类产品之间按照相对公允价值分摊后进行价税分离，并按照实际情况开具发票，这样能够保证公司 ERP 系统与发票开具信息的数量、金额一致，也符合税法对数量折扣优惠措施开具发票格式的要求。

【案例 8-9】甲公司是一家饲料生产企业，饲料可享受免增值税优惠，兽用疫苗为外购产品，甲公司销售一袋饲料，赠送一支疫苗，饲料每袋 100 元，疫苗含税价 10 元，其中增值税 1.15 [$10 \times 13\% \div (1+13\%)$] 元。由于疫苗是外购的，可简化处理，暂按采购价作为其公允价值，饲料的收入按余值法计算，即饲料收入为 90（100-10）元。

借：应收账款　　　　　　　　　　　　　　　　　100.00

　　贷：主营业务收入——饲料　　　　　　　　　90.00

　　　　　　　　　　——疫苗　　　　　　　　　8.85

　　应交税费——应交增值税（销项税额）　　　　1.15

发票开具按照以上结果填列即可。如果都是自产产品，按照各产品相对应的销售价格分配即可，如合计收到110元，甲产品单独售价100元，乙产品单独售价20元，那么分配到甲产品的含税收入 =110×［100÷（100+20）］=91.67元，乙产品含税收入8.33元，然后进行价税分离，按照此结果开具发票。

# 十一、折扣销售

折扣销售在实务中比较常见，具体表现形式有三种：（1）采购达到一定量之后，向客户返现或者减少应收账款；（2）采购达到一定量之后，返实物，即多给货物；（3）折扣额直接抵减下次货款。对于折扣销售，企业要规范进行会计处理。

## （一）折扣销售会计处理存在的问题

常见的折扣销售会计处理问题如下：

（1）在实际发生折扣后，将现金返利或实物返利计入当期销售费用；

（2）平时对折扣部分不进行账务处理，在客户下次实际采购时直接按照折扣后的金额确认收入；

（3）通过计提坏账准备的形式减少应收账款净额，达到折扣的效果，或者直接冲减应收账款，对方科目计入销售费用或营业外支出等。

上述问题（1）和（2）可能是因财务人员对企业会计准则理

解不到位造成的，错将返利计入实际发生折扣时的期间费用，虚增了收入、销售费用和毛利率；或者在实际发生折扣时，按照折扣后的金额确认了收入，前期未对折扣进行预提，导致前期销售时多确认收入，后期销售时少确认收入。（3）是通过计提坏账准备或冲减应收账款的形式进行账务处理，可能存在财务舞弊行为。

### （二）发票的开具

由于折扣销售需要根据一定期间的最终销售数量调整销售价格，因此会导致发票开具金额与收入确认金额不一致，这就涉及红字发票的开具。实务中，关于折扣销售的发票开具问题也较多，甚至存在采购方在享受折扣的情况下也获得了全额发票，再将发票额与实际支付额之差对应的进项税转出的情况。恰当的做法是，销售方按照折扣后的金额开具增值税发票，采购方按照折扣后的金额确认成本费用和增值税进项税；或者销售方全额开票后，对折扣部分开具红字发票，而不是采购方做进项税转出。

### （三）规范的会计处理

在某些行业，供应商会根据客户的累计采购量超过某个标准而给予现金返利或实务返利。对于现金返利，实际的业务结果是客户用折扣后的款项购买了既定数量的产品；对于实物返利来说，相当于既定的收入，后期多发出了商品，实际效果类似。存在折扣销售的情况下，销售方如果直接按照开票或实收金额确认收入，前期的销售单价会高于全年的平均销售单价，造成提前确认收入的问题。规范的账务处理是在平时对折扣额进行预提，即收到的款项不能全额确认收入，折扣部分作为预计负债予以计提，调减本期收入，并在实际折扣发生时调整以后的收入，如果平时无法估计，可在年底进行调整。

【案例 8-10】甲公司主营红肠生产与销售业务，对客户的销售政策是每公斤 30 元，全年累计采购超过 1 000 千克的，价格按照 29 元/千克。下面分两种情形对折扣销售的会计处理进行说明。

1. 新增客户，无法预估采购量

乙商户是甲公司的新增客户，每次采购 10 千克，甲公司无法预估其采购量，不确定其采购量能否超过 1 000 千克。相关会计分录如下。

（1）日常销售的收入确认：

借：应收账款——乙商户　　　　　　（10×30=300）300.00

　　贷：主营业务收入　　　　　　　　［300÷（1+13%）]265.49

　　　　应交税费——应交增值税（销项税额）　　　　34.51

（2）乙商户全年最终采购量为 1 200 千克，截止到上次交易，合计采购了 990 千克，最后一次采购是为春节备货，一次性采购了 210 千克，这次可直接按照折扣后的金额支付：

借：应收账款——乙商户　　　　　　（210×29）6 090.00

　　贷：主营业务收入　　　　　　　　［6 090÷（1+13%）]5 389.38

应交税费——应交增值税（销项税额）　　700.62

（3）按照全年的折扣政策，前期销售的 990 千克可以享受每千克 1 元的折扣优惠，需红字冲减应收账款和营业收入：

借：应收账款——乙商户　　　　　　　990.00

　　贷：主营业务收入　　　　［990÷（1+13%）］876.11

　　　　应交税费——应交增值税（销项税额）　　113.89

2. 老客户，能够预估采购量

假如乙商户为老客户，甲公司能够预估其全年采购量，基本可以确定其采购量符合享受折扣的标准，即超过 1 000 千克。甲公司的会计分录如下。

（1）日常销售的收入确认：

借：应收账款——乙商户　　　　　　（10×30=300）

　　　　　　　　　　　　　　　　　　300.00

　　贷：主营业务收入　　　　［290÷（1+13%）］256.64

　　　　应交税费——应交增值税（销项税额）　　33.36

　　　　预计负债　　　　　　　　　　　　　　10.00

（2）由于日常核算已经按照全年单价调整了各期收入，若最后 210 千克是按照全年均价销售的，则需要退还之前多收取的款项：

借：预计负债　　　　　　　　［990×（30-29）］990

　　贷：银行存款　　　　　　　　　　　　　　990

若最后 210 千克货物的销售是采取直接抵减应收账款的方

式，则：

借：应收账款——乙商户　　　　　（210×29）6 090.00

　　贷：主营业务收入　　　　　　　　　　　　5 389.38

　　　　应交税费——应交增值税（销项税额）　　700.62

借：预计负债　　　　　　　　　[990×（30-29）]990

　　贷：应收账款——乙商户　　　　　　　　　　　990

最后需要说明两点：一是若平时按照实际收款向客户全额开具了发票，则最初增值税的确认额比上例计提预计负债情况下的高；二是预提折扣的估计可能不会与实际情况完全一致，这时需要按照最终结果调整收入和应收账款。

# 第九章

# 成本与费用

## 一、种类多、特征差异大的副产品的成本核算

　　标准的成本核算通常是将成本费用按照受益对象进行分配，对于共同费用，一般按照生产工人工时、设备工时等进行分配。如果这些受益对象（产品）均具有较为成熟和活跃的市场，且销售价格能够涵盖各自的成本，则会计核算不存在问题。但是，如果这些受益对象的市场表现迥异，按照标准的成本分配方法进行分配，可能会导致严重的问题，甚至误导管理层做出错误的决策。例如，某产品被分配了较高的成本，看似接近亏损，企业销售的积极性因此降低，而实际上，该产品真实的成本较低，利润可观，亏损或微利只是由于成本核算方法不科学造成的。

　　【案例 9-1】甲公司的主营业务是精细化工产品的生产与销售。甲公司投入的原材料在各反应釜中发生化学反应，最终产出了 A、B、C、D、E、F 六类产品，其中 A 是主产品，交易活跃，价格适中；B、C 为副产品，其单价比主产品还高，交易活跃，但产量小；D、E为副产品，单价低，交易较为活跃，产量适中；F为副产品，单价高，产量较大，交易不活跃，偶尔有销售。甲公司按照各产品的产量比例来分配成本，各产品的特性如表9-1所示。

表9-1　各产品的特性

| 产品名称 | 类型 | 价格 | 交易活跃度 | 产量 |
|---|---|---|---|---|
| A | 主产品 | 中 | 高 | 大 |
| B、C | 副产品 | 高 | 高 | 小 |
| D、E | 副产品 | 低 | 中 | 适中 |
| F | 副产品 | 高 | 低 | 大 |

甲公司所在的精细化工行业的生产过程具有明显的特点，通过管道投料，并在反应釜中进行化学反应，过程不容易被直观看到。为了准确核算，企业需要一些精密计量仪器，甚至需要购置先进的生产统计信息系统。产出品与传统的联产品、副产品也有一定差异，具有产品种类多，价值差异大，交易市场活跃程度差异大等特点。

同样的投入品产出了特征迥异的主副产品，这给会计核算工作造成了较大困难。如果按照产品产量进行成本分配，会导致销售量小、产量大的产品，因长期的存货积压，存货账面价值虚高。对类似产品该如何进行恰当的成本核算呢？以养殖业为例，企业将整鸡进行分割销售，鸡吃饲料长大，最后屠宰时，被分割成各类价值差异很大的部分进行销售，通常鸡腿、鸡翅和鸡胸肉较贵，鸡爪便宜，由于家庭购买鸡毛掸子的越来越少，鸡毛也不具有鸭绒的保暖功能，因此价值较低，交易也不多。这种情形下，鸡的成本主要由鸡舍、饲料、疫苗及饲养费构成，属于一个整体，不可能在饲养阶段对鸡的各个部位分别进行成本核算。因此，对于此类业务，企业通常会按照各产品的可变现净值比例来分配成本。

同理，本案例中的精细化工产品的成本按照可变现净值进行核算较为恰当。但是，需要特别注意的是，对于价格高，偶尔才能少量出售，产量又大的副产品 F，如果按照可变现净值直接计算成本，会导致出现以下两个问题：

（1）由于交易不活跃，账面上会有大量的滞销存货；

（2）单价高，产量大的产品，在计算成本时，可变现净值会冲减较多待分配成本，造成主产品等的成本偏低。

因此，对于 F 类产品，可以不计算成本，或者按照名义金额入账，并做实物备查登记。

## 二、生物资产的核算

大部分企业的财务人员都对生物资产的会计核算比较陌生，即使是相关行业的财务人员，对生物资产的会计核算也可能感到困惑，尤其是在目前农业生产集约化的情形下，一个场区可能同时有养殖、竹林、果林等，这也给会计核算增加了难度。

下面就以竹笋生产为例，来介绍生物资产的具体核算方法。

### （一）生物资产营造期

竹笋依附于竹子，由竹子的根部繁衍生长，这类似于想要产出水果必须先培植果树，想要产出牛奶必须先养奶牛。如果是直接租赁或购买的竹林，相当于外购，可将购置成本及相关税费计入生产性生物资产的成本，比自行营造竹林简单。竹林的营造相当于制造业的构建固定资产，只不过固定资产在达到预定可使用状态前需要先通过"在建工程"科目核算，而竹林属于生产性生物资产，要按照《企业会计准则第5号——生物资产》进行核算。

【案例9-2】甲公司从2021年开始自行营造100亩竹林，发生竹苗费100万元，机械作业费折旧5万元，工资薪金20万元，肥料费等5万元。该公司的竹林是由竹苗长成，竹苗经过五年的生长期可以长成能够稳定产出竹笋的成熟竹林，预计可以使用20年。在成长期，营造竹林的成本需要进行资本化，涉及占用借款的，公司还需要依据企业会计准则的规定对借款费用资本化。

（1）营造竹林初期成本核算：

借：生产性生物资产——未成熟生产性生物资产（竹林）

　　　　　　　　　　　　　　　　　　　　　　1 300 000

　　贷：原材料——竹苗　　　　　　　　　　　1 000 000

　　　　　　　——肥料　　　　　　　　　　　　　50 000

　　　应付职工薪酬——工资　　　　　　　　　　200 000

　　　累计折旧　　　　　　　　　　　　　　　　　50 000

（2）定植后至可投入使用其间发生管护费 50 万元，应该资本化计入资产成本：

借：生产性生物资产——未成熟生产性生物资产（竹林）

500 000

贷：银行存款等　　　　　　　　　　　　500 000

（3）营造竹林期间有部分竹苗未成活，存在补种情况，补种成本 5 万元，应该予以资本化：

借：生产性生物资产——未成熟生产性生物资产（竹林）

50 000

贷：原材料——竹苗　　　　　　　　　　50 000

100 亩竹林的总成本为 185（130+50+5）万元。以上所说的补种支出资本化，需明确竹苗是否在合理的成活率范围内，如果是管理不善等原因造成的非正常死亡，则死亡部分的生物资产支出应该费用化。此外需要说明的是，在竹林营造期间，如果偶尔产生一些竹笋收入等，可通过两种方法进行核算：一是非经常性的竹笋销售不确认收入，而是冲减生产性生物资产的成本；二是将竹笋列为存货，销售后确认营业收入，这是参考了对固定资产进行会计核算的最新要求，即关于固定资产准则的最新解释。财政部于 2021 年 12 月 30 日颁布了《企业会计准则解释第 15 号》，将在建工程试运行产生的收入由冲减在建工程成本转变为计入当期损益。该解释并未提及生产性生物资产的处理方法，故目前两种做法均可行，但相比之下，参考关于固定资产准则的最新解释可能更有依据。

（4）预计到 2026 年初，竹林可以长成能够稳定产出竹笋的成熟竹林，到时公司应做如下会计分录：

借：生产性生物资产——成熟生产性生物资产（竹林）

1 850 000

贷：生产性生物资产——未成熟生产性生物资产（竹林）

1 850 000

这里要注意，如果案例中的甲公司只有一处林产，也不打算营造新竹林，在这种不会引起核算混乱的情况下，可以简化处理，不区分成熟竹林与未成熟竹林，均按照生产性生物资产一级科目来核算（即不用先在未成熟竹林二级科目归集成本，再将未成熟竹林转为成熟竹林）；如果在竹林的营造过程中还有其他资产构建，需要对其中的共同成本费用按照系统合理的方法进行分配，如营造竹林同时营造砂糖橘林，对土地平整机械折旧费用等，可按照面积比例分配总成本费用；对于资产减值损失，与固定资产类似，生产性生物资产需要考虑是否存在减值迹象，如竹笋的口感不佳，未来不受欢迎了，导致售价较低不能收回投资成本，这时需要按照生产性生物资产的成本与可变现净值之差计提减值准备。

## （二）稳定生产期

若五年后竹林已经成熟，可稳定产出竹笋，开始对成熟竹林计提折旧，日常对竹林进行维护的费用计入当期损益，不再计入资产成本。假设竹林残值是 5 万元，可生产竹笋 20 年。每年生产性生物资产（竹林）的折旧额 =（185-5）÷ 20=9（万元）。这个阶段主要是对"消耗性生物资产——竹笋"进行核算，成本构成包括竹林的折旧、竹笋的肥料、农药、直接人工和应分摊的间接费用等。假设甲公司 2026 年发生工人采摘费 5 万元，生产设备折旧 1 万元，肥料农药 1 万元，则会计分录如下。

（1）核算竹笋的成本：

借：消耗性生物资产——竹笋　　　　　　　　160 000

　　贷：生产性生物资产累计折旧　　　　　　　90 000

　　　　应付职工薪酬　　　　　　　　　　　　50 000

　　　　原材料——肥料农药　　　　　　　　　10 000

　　　　累计折旧　　　　　　　　　　　　　　10 000

（2）竹笋采摘入库时：

借：库存商品——农产品　　　　　　　　　　160 000

　　贷：消耗性生物资产——竹笋　　　　　　　160 000

此处需要说明的是，如果农产品不入库，直接田头销售，可不转入存货科目；同理，也需要考虑是否存在消耗性生物资产减值迹象，与存货减值测试规则一致。涉及同时为其他产品服务的，需要对共有成本费用进行分配，如上文提到的砂糖橘，工人同时采摘两种产品的，可按工人工时将人工成本在两种产品之间进行分配；也可使用农业生产成本科目对各项成本费用进行归集，达到可供销售状态时再转入消耗性生物资产。

（3）假设竹笋对外销售时售价为 20 万元，成本为 16 万元，会计分录如下（农产品免增值税）：

借：应收账款等          200 000

  贷：主营业务收入等       200 000

（4）结转成本：

借：主营业务成本等        160 000

  贷：库存商品 / 消耗性生物资产   160 000

采摘完毕后，知道确切产量的，可根据每批次销售数量占总产量的比例结转成本；若产量不便于统计，可以按照已销售面积占总播种面积的比例等结转成本。总之，要保证收入和成本的匹配关系，如果少结转成本，会导致后期无收入或收入很少，但剩余账面的存货金额很大；相反，如果多结转成本，会出现后期收入很多，但存货成本很少的情况。

# 三、运费的会计核算

实务中，企业运费核算不规范的现象较为普遍，主要问题包括错将存货采购运费计入制造费用——运杂费，将销售运费计入销售费用，以及不理解运输是否构成单项履约义务等。下面主要针对这三个问题进行说明。

## （一）采购运费的核算

对于由采购方承担的运费，根据采购资产的种类，实务中常见的情形是计入存货成本或者固定资产成本。如果是采购用于工程建设的工程物资，那么先计入工程物资的成本，再计入在建工程，达到预计可使用状态时转为固定资产。

（1）根据《企业会计准则第1号——存货》："存货应当按照成本进行初始计量。存货成本包括采购成本、加工成本和其他成本。存货的采购成本，包括购买价款、相关税费、运输费、装卸费、保险费以及其他可归属于存货采购成本的费用。"

（2）根据《企业会计准则第4号——固定资产》："固定资产应当按照成本进行初始计量。外购固定资产的成本，包括购买价款、相关税费、使固定资产达到预定可使用状态前所发生的可归属于该项资产的运输费、装卸费、安装费和专业人员服务费等。"

对于原料采购过程中的运费，可以直接归属到具体的存货类别中，在生产领用或直接对外销售后结转到特定产品的生产成本或营业成本，不计入制造费用并进行分摊。另外，实务中常出现企业在未收到发票的情况下，将收到的货物按照存货采购发票上的数量和金额入账的情况，等企业收到运费发票时，对应批次的存货可能大部分已经出售或被领用，剩余数量的存货分摊了全部运费，从而造成存货发出单价大幅度波动。对此，企业在存货采购入库时，若尚未收到运费发票，需要对运费进行暂估，并计入存货成本，后期再根据实际运费金额调整。

### （二）销售运费的核算

所谓销售运费，是指销售方在向客户转移商品的过程中发生的运输费用。在新收入准则实施之前，销售运费是计入销售费用的，随着新收入准则的实施，销售运费作为向客户交付产品的一项成本支出，需要先在合同履约成本中进行归集，确认收入并在结转成本时结转到营业成本。销售货物并负责承担运费的，运输不构成单项履约义务，不单独收取运费，合同履约成本（运费）与存货成本共同构成了可直接归属于特定合同的完整成本。

根据《企业会计准则第 14 号——收入》："企业为履行合同发生的成本，不属于其他企业会计准则规范范围且同时满足下列条件的，应当作为合同履约成本确认为一项资产：

（1）该成本与一份当前或预期取得的合同直接相关，包括直接人工、直接材料、制造费用（或类似费用）、明确由客户承担的成本以及仅因该合同而发生的其他成本；

（2）该成本增加了企业未来用于履行履约义务的资源；

（3）该成本预期能够收回。"

对于销售运费来说，该运费与特定合同直接相关，并且是特定合同下发生的增量成本；运输是交付的必经环节，运费可增加货物的成本和价值；合同收入通常能涵盖生产环节的存货成本和物流运输成本。可见，销售运费符合合同履约成本的要求，在结转收入之前应该确认为一项资产。

### （三）运输是否构成单项履约义务

以上分析是针对非运输企业，是在货物控制权转移给客户之前发生的运费，一般不构成单项履约义务，不需要对合同对价进行分摊，不确认运输收入。如果是运输企业，或者兼营运输业务的企业，一般需要按照新收入准则合同收入的五步法模式对合同对价进行分配，对于涉及数项产品或服务的，其中构成单项履约义务的运输服务要分摊合同对价。另外，如果非运输企业与客户签订的销售合同是在出厂时就转移货物的控制权，并由供应商负责运输，可能会构成一项单独的履约义务，需要确认运输收入。

最后需要注意的是，并不是所有的运费都会构成存货成本或合同履约成本。在无合同关系的情况下，企业基于内部管理需要而对存货进行转移，例如，企业将货物在不同的仓库之间进行调拨，此类情况发生的运费需要直接费用化处理。

## 四、充值卡的税会处理

充值卡本质上是预付性质的，是不同形态资产的转变，在企业实际消费前，充值卡一般属于资产的范畴。例如，企业预付的材料采购款，先挂账预付账款，收到材料后在结转到存货；企业一次性预付一年的网费，在金额具有重要性的前提下，不一次性计入当期损益，而是按月摊销，分期计入损益；加油卡充值，企业在实际加油后再按照权责发生制的原则将支出计入成本费用。

【**案例 9-3**】甲公司为了维护客户关系，购买了一些超市充值卡用于赠送客户，并收到了销售方开具的预付卡充值发票。甲公司财务人员认为该项支出不能直接计入费用，需要等到消费后才可以。

需要注意的是，预付的充值卡需要区分是否还在企业内部，如果仍处于企业控制之下，可以用于后期采购，那么需要等到实际消费时再计入成本费用；如果是赠送给公司外部的人员、企业、企业员工，那么充值卡一经赠送，企业就失去了对资产的控制，也不会在未来为企业带来经济利益的流入，这时充值卡就不属于资产的范畴了，支出应该一次性计入当期成本费用。

另外，根据《国家税务总局关于营改增试点若干征管问题的公告》（国家税务总局公告 2016 年第 53 号）："单用途卡发卡企业或者售卡企业（以下统称'售卡方'）销售单用途卡，或者接受单用途卡持卡人充值取得的预收资金，不缴纳增值税。售卡方可按照本公告第九条的规定，向购卡人、充值人开具增值税普通发票，不得开具增值税专用发票。""支付机构销售多用途卡取得的等值人民币资金，或者接受多用途卡持卡人充值取得的充值资金，不缴纳增值税。支付机构可按照本公告第九条的规定，向购卡人、充值人开具增值税普通发票，不得开具增值税专用发票。"

可见，依据该公告，案例9-3中甲公司获得的预付卡充值发票不可以抵扣进项税，需要凭购买充值卡的增值税普通发票入账。另外，向客户赠送充值卡与支付招待费类似，可能涉及企业所得税汇算清缴时的纳税调增。

## 五、替供应商承担税费的会计核算

企业因违反税法、环保政策及合同约定而支付的罚款等，这类款项支出由于具有偶发性、非自愿，以及与企业生产经营关系较弱，未来不能获得补偿等特点，通常计入营业外支出。实务中还有一类支出经常被错误地计入营业外支出，即企业替供应商承担的税费。这类支出伴随着企业采购业务而发生，看似是企业替供应商额外承担的费用，但其实是企业为获得货物或服务而发生的必要支出。

【案例9-4】甲公司是一家医疗企业，其经营依赖的专利技术由国外某高等院校授权，国外供应商要求由甲公司承担交易中的各项税费。此外，甲公司为了吸引高端人才，按照专家要求支付其薪酬，个人所得税由甲公司承担。甲公司财务人员将额外承担的税费计入了营业外支出。

实务中，基于供求双方的市场地位不同，在双方的合作或交易中，有时候会存在一方比较强势，而另一方比较弱势的情况。弱势的一方为达成合作或交易，通常会做出更多的妥协和让步，如承担本该由对方负担的税费。从表面来看，本案例中的税费支出是甲公司无偿为对方承担的费用，属于甲公司营业外的损失，应计入营业外支出。但实际上，将税费计入营业外支出并没有恰当反映出该业务的经济实质，税费的承担是基于双方的购销关系而发生的，是日常经营中交易价格谈判的结果，是采购方的一项采购成本，一般该项成本费用可以得到弥补（如采用被授权的专利技术开展生产活动），不属于非经常性和日常经营活动之外的偶然事件。

因此，从会计核算和经济实质的角度来看，采购方替销售方额外承担的税费构成其获得资产的一项成本，不应该计入营业外支出。从税务的角度来看，如果采购方无法获得该部分支出的有效凭证，如发票等，也无法在企业所得税税前抵扣，需要进行纳税调增。

# 六、企业绿化支出的会计核算

实务中，一些企业工厂的绿化面积很大，在初建厂区或后期环境改造时，一次性支出金额会较高。这种情况下，绿化支出是一次性计入当期损益，还是资本化计入资产价值，对企业当期利润影响很大。

　　绿化支出能否资本化，先要满足资产的定义和基本条件。基本条件一般都能满足，如成本能够可靠计量。企业主要应考虑绿化支出能否满足资产的定义，即资产是指企业过去的交易或者事项形成的、由企业拥有或者控制的、预期会给企业带来经济利益的资源。如果是企业为了美观而进行的绿化投资，那么很难说能带来未来经济利益的流入，一般应该直接计入当期损益。但是，如果绿化投资能够带来经济利益流入或者减少经济利益流出，例如，种植了较多的兼具绿化作用和经济效益的果木，则可以确认为资产。因为水果可以对外销售，从而获得收入，或者用于员工福利，减少企业外购员工福利的支出。另外，如果厂区位置较好，根据政府规划等客观预测，该地区未来会被整体搬迁，厂区可以获得政策性搬迁补助等，也说明这些绿植具有终止现金流量，计入资产也是有依据的。

　　对于某些行业，绿化建设要严格按照国家政策执行，例如，绿化树木用于养殖业生物排泄物的吸收处理，重污染企业需要一定量的绿植用以吸附污染物等。在这种情况下，绿植的作用相当于环保设备，可以减少污染物直接排放，避免违反环保法规和产生罚款，虽然不能直接增加经济利益流入，但可以减少经济利益流出。该类业务可参考环保设备的核算方法，对于可使用若干年的树木，类似于固定资产，可核算为其他非流动资产；对于种植草坪等，使用期间较短的，可以按月在草坪使用寿命内进行摊销，类似于待摊费用，可核算为其他流动资产。

　　资本化的绿化树木属于生物资产，但《企业会计准则第5

号——生物资产》仅用于规范与农业生产相关的生物资产的确认、计量和相关信息的披露。例如，果园的果树是生产性生物资产，用于结出果实后销售，而非农业企业的类似资产的用途与其不同，可计入其他（非）流动资产。

## 七、尚未投产模具的折旧

正常使用中的设备，其折旧按照一定的分配方法在各受益产品之间进行分配，但是设备购入后，并非总处于运行中。这区分为两种情况：一是新设备还未开机运行，且涉及的时间较长；二是设备在运行一段时间后，由于各种原因而暂停使用。其中后者在各类教科书中常以季节性停工的案例出现，而前者往往是以在建工程达到预定可使用状态后，需要及时转固和计提折旧的案例出现。

【案例 9-5】甲公司某模具已经达到预定可使用状态，但对应的产品尚未开始量产。甲公司财务人员存在以下疑问。

（1）产品量产前的模具折旧能否计入制造费用的共摊成本？

（2）公司按照工时法分摊模具折旧至具体产品，但有些产品当月无生产，其对应的模具折旧成本能否计入共摊成本？

生产用闲置固定资产的折旧是计入存货成本还是当期损益，区别较大，前者涉及资本化，后者涉及费用化，如果金额较大，对存货账面价值和当期利润会有较大的影响，需要引起注意。按照标准的成本核算方法，产品成本由直接材料、直接人工和制造费用构成，其中前两项可以直接追溯到特定产品，而后一项可能同时为若干类产品服务，需要按照一定的标准在各受益产品之间进行分配。

如本案例，如果该设备生产的各类产品的机器工时比较准确，可以按照这个标准在各产品之间分配模具折旧。期末，将"在产品金额＋本期投入成本"作为全部的成本，全部成本在未完工产品（即在产品，需约当为完工产品）和完工产品之间进行分配，在产品和库存商品作为存货，已经销售的存货结转为主营业务成本。可见，由于该模具尚未使用，根本不存在对应的产品，也谈不上作为成本项目进行分摊。如果将其折旧分摊到无关的产品中，会增加无关产品的成本，从而导致成本失真，影响对外会计报告及对内的管理决策。

模具属于一项固定资产，虽然不使用时物理磨损较小，但是受环境及资产价值本身贬值等因素的影响，即使不使用，其价值通常也会随着时间流逝而下降，因此需要计提折旧，只不过属于闲置的固定资产，折旧计入当期损益即可。由于具体模具是为某一型号的产品服务，例如，汽车业的模具，可能是年型车，只生产固定数量的汽车，且开始几年生产的数量多，后期销量和产量少，这种情况下用产量法计提折旧可能更恰当。按照产量法计提折旧可能会存在某个时间段未生产该型号的产品，也未计提折旧的情况。所以，按照产量法计提折旧需要满足一定的条件，如该模具寿命期内可以生产的数量固定，且均能够实现销售，否则与用直线法计提折旧相比，按照产量法计提折旧容易受到会计操纵。

## 八、赠品是否应该计入销售费用

从字面意思来看，赠品似乎是免费的，但是在实务中，赠品是否真正免费需要进行一定的判断。例如，常见的买酸奶送水杯，由于消费者支付了一定的款项，水杯并非免费送，本质上是消费者通过支付一定的货币获得了酸奶与水杯两种商品，对应到商家则属于"捆绑销售"。这种情形下，水杯并非真正的"赠品"，商家应该识别各单项履约义务，并分别确认收入。再如，企业推出了新口味的糕点，路人均可免费得到一块，这种情形下的赠品的确是免费的，构成其一项费用。

【案例 9-6】甲公司与客户乙公司签订购销合同，双方约定甲公司销售某产品 10 000 件，合计 100 000 元，该产品的单位成本为 5 元。合同约定，甲公司额外赠送 1% 的同型号产品，即 100件给乙公司。甲公司财务人员提出如下两种会计核算方案：

（1）将额外赠送的 100 件产品的成本支出计入"售后服务费"；

（2）赠送产品的成本支出不核算为"售后服务费"，而是计入"市场推广费"或者"广告宣传费"，并缴纳销项税。

此外，甲公司除了伴随销售而赠送产品，还存在无偿赠送的情况，具体为：甲公司业务人员为拓展业务，无偿向客户赠送100件产品，并将产品成本计入"市场推广费"或者"广告宣传费"；甲公司在展销活动现场，向客户赠送产品用于市场推广，成本计入"广告宣传费"。

上述案例中的甲公司赠送产品涉及以下两种类型。

**第一，涉及传统的买赠业务，并不是真正的赠送。**

在客户采购的数量、金额达到一定的标准后，企业通过多送货物，或者少收货款等方式向客户提供优惠，即赠送产品，属于传统的买赠业务，不是真正的赠送。其经济业务实质就是销售方在既定的收入下多发了货物，或者是在既定的货物下少收了货款。甲公司伴随着销售业务赠送的产品的成本既不能计入市场推广费，也不能计入广告费，而应该计入营业成本，即在销售收入既定的情况下，将原本应该结转的 10 000 件的营业成本，变为 10 100 件。这种情况下，增加的是营业成本，而不是销售费用。另外，售后服务费显然是产品销售之后，由于质量等原因而发生的支出，这里的赠送是与产品销售同时发生的，不属于售后服务费。本类业务的会计分录如下。

（1）确认收入：

借：应收账款——乙公司　　　　　　　　　　　100 000.00

　　贷：主营业务收入　　　［100 000÷（1+13%）］88 495.58

应交税费——应交增值税（销项税额）　　11 504.42

（2）结转成本：

借：主营业务成本　　　　[（1+1%）× 10 000 × 5] 50 500

　　贷：库存商品　　　　　　　　　　　　　　 50 500

**第二，属于无偿赠送的，按照销售费用核算。**

甲公司在展销活动现场向客户赠送的产品，主要用于市场推广，属于无偿赠送，成本应该计入市场推广费。这种情况下，甲公司应该将产品成本在会计上核算为销售费用，并按照税法的视同销售行为缴纳销项税。具体的会计分录如下。

（1）确认销售费用：

借：销售费用——市场推广费　　　　　（100 × 5）500

　　贷：库存商品　　　　　　　　　　　　　　　 500

（2）计提销项税：

借：销售费用——市场推广费　　（100 × 10 × 13%）130

　　贷：应交税费——应交增值税（销项税额）　　 130

在确认销项税时，按照视同销售的原则，甲公司应该将该产品的市场售价作为销项税的计税基础。无偿赠送产品涉及的税费，也应计入甲公司的销售费用。最后，应该计入哪一个二级科目，可采取以下方式进行确认：

（1）与广告公司合作发生的支出计入广告费；

（2）其他支出计入市场推广费。

## 九、融资咨询费的税会处理

银行、融资租赁公司等金融机构在提供融资服务时，除了以利息的名义收取资金占用费，还经常由于金融监管、贷款政策的限制，以及其他一些原因而收取其他费用，通常称为融资咨询费；有些情况下，针对收取的咨询费，银行会承诺提供其他的常规服务，如一年内银行转账免手续费。实务中，不少企业的财务人员将这类费用核算到了"管理费用——咨询费""长期待摊费用——融资咨询费"等科目中，如此进行会计处理并不能恰当地反映该业务的经济实质。

### （一）会计核算

企业应该按照实质重于形式的原则对咨询费进行会计处理，由于贷款人不会单独从金融机构购买这类咨询服务，该类咨询服务对企业也无具体的作用，咨询费用实质属于利息支出的一部分。不同的是，一般利息支出是在企业获得借款之后进行支付，而融资咨询费则是金融机构提前收取了利息。此外，企业还需要注意以下几点。

（1）金融机构收取融资咨询费，并承诺提供转账免手续费等服务。由于转账服务有标准的收费依据，该服务具有一定的市场价值，因此可以说明银行针对企业贷款而收取的咨询费包含了可以单独识别的单项履约义务，企业应该将转账服务所能节省的支出予以递延确认（可以理解为预付性质），在实际转账时确认为手续费支出。咨询费扣除转账服务费后，剩余部分确认为该贷款的利息支出。

另外，重要性是企业会计核算的重要原则，如果金融机构收取的咨询费金额较小，或者提供的转账服务手续费本身较少，企业可以将因贷款而支付的咨询费全部作为利息支出，不必拆分其中包含的手续费，以免会计核算的成本过高、收益过低。

（2）贷款期间的长短。如果借入的是短期贷款，企业可以将金融机构收取的咨询费一次性确认为利息支出；相反，如果属于长期借款，企业支付的咨询费需要按照贷款的期间分期确认为利息支出，以免一次性确认利息支出对企业当期损益产生过大的影响。当然，按照重要性原则，如果咨询费金额较少，对企业的财务报表影响不大，也可以简化处理，将长期借款涉及的咨询费一次性计入当期损益。

（3）贷款用于长期资产的构建。企业可以参考借款利息资本化的方法对以咨询费为名义收取的利息进行资本化处理。

（4）融资租赁公司收取的类似费用，企业要按照新租赁准则的规定进行核算，由于咨询费支出也属于企业获取租赁资产使用权的一项成本费用，因此资产承租方需要调整使用权资产的入账价值。

## （二）税务处理

在增值税方面，根据财税 2016 年 36 号文附件 1《营业税改征增值税试点实施办法》第二十七条："下列项目的进项税额不得从销项税额中抵扣：（六）购进的旅客运输服务、贷款服务、餐饮服务、居民日常服务和娱乐服务。"公司获取贷款利息支出发票后不允许抵扣进项税，以咨询费名义获取利息支出发票的，也不应该抵扣进项税，以免产生税务风险。

# 第十章

# 研发支出

## 一、对研发活动的判断

### （一）研发支出的税收优惠

为鼓励高新技术企业发展，国家对高新技术企业实施15%的企业所得税优惠税率。除税率优惠外，研发费用加计扣除也是一项重要的税收优惠措施。根据《财政部 国家税务总局 科技部关于完善研究开发费用税前加计扣除政策的通知》（财税〔2015〕119号），除烟草制造业、住宿和餐饮业、批发和零售业、房地产业、租赁和商务服务业、娱乐业等行业外，其他行业的企业在研发支出符合要求的前提下，企业的研发费用可以享受加计扣除的税收优惠政策。

根据《财政部 税务总局关于进一步完善研发费用税前加计扣除政策的公告》（财政部 税务总局公告2023年第7号）："企业开展研发活动中实际发生的研发费用，未形成无形资产计入当期损益的，在按规定据实扣除的基础上，自2023年1月1日起，再按照实际发生额的 100% 在税前加计扣除；形成无形资产的，自 2023 年 1 月 1 日起，按照无形资产成本的 200% 在税前摊销。"

### （二）非研发活动

研发费用加计扣除等政策对可以加计扣除的研发活动进行了规范。这里的研发活动，是指企业为获得科学与技术新知识，创造性运用科学技术新知识，或实质性改进技术、产品（服务）、工艺而持续进行的具有明确目标的系统性活动。即研发活动必须具有实质性的创新，"拿来主义"、简单改进和升级，以及人文社科类的创新不可以加计扣除。不适用税前加计扣除政策的活动具体如下：

（1）企业产品（服务）的常规性升级；

（2）对某项科研成果的直接应用，如直接采用公开的新工艺、材料、装置、产品、服务或知识等；

（3）企业在商品化后为顾客提供的技术支持活动；

（4）对现存产品、服务、技术、材料或工艺流程进行的重复或简单改变；

（5）市场调查研究、效率调查或管理研究；

（6）作为工业（服务）流程环节或常规的质量控制、测试分析、维修维护；

（7）社会科学、艺术或人文学方面的研究。

例如，传统红肠生产商将生产新口味红肠的费用作为研发费用进行加计扣除，这种情况就属于以上第（4）项所说的对现存产品的简单改变，难以称为研发创新。再如，某些企业将质量检验费作为研发费用，而质量检验只是企业在生产流程中对原料质量的控制，对中间产品质量的检验，以及对产成品入库前质量的检验，这些都是在生产制造环节发生的，不属于研发活动，而属于以上第（6）项所提到的情况。

## 二、会计核算、高新技术认定及加计扣除口径对比

对于研发支出，企业需要从会计核算、高新技术认定及加计扣除三个方面予以考虑：

第一，企业会计准则对研发费用的规范；

第二，高新技术企业认定所要求的费用规模或比例；

第三，企业每年在缴纳所得税时允许加计扣除的研发费用。

企业会计准则对研发支出的规范比较简单，根据《企业会计准则第6号——无形资产》的规定，企业内部研究开发项目的支出，应当区分研究阶段支出与开发阶段支出。研究阶段的支出，应当于发生时计入当期损益。开发阶段的支出，同时满足下列条件的，才能确认为无形资产（即研发支出资本化）：

（1）完成该无形资产以使其能够使用或出售在技术上具有可行性；

（2）具有完成该无形资产并使用或出售的意图；

（3）无形资产产生经济利益的方式，包括能够证明运用该无形资产生产的产品存在市场或无形资产自身存在市场，无形资产

将在内部使用的，应当证明其有用性；

（4）有足够的技术、财务资源和其他资源支持，以完成该无形资产的开发，并有能力使用或出售该无形资产；

（5）归属于该无形资产开发阶段的支出能够可靠地计量。

会计核算口径按照受益对象和研发项目对研发费用进行归集，只要是认定为研发范畴的，相关的费用都可以计入研发费用。高新技术企业认定则着重关注研发强度、高新技术产品收入占比等指标，即认定企业是否具有高新技术的属性，是否属于技术驱动型企业，对人员费用、其他费用等有一定的限制。

研发费用加计扣除的口径最为严格，表现在其仅针对核心研发费用，对于非核心的部分不予加计扣除，或限制加计扣除比例。例如，房屋折旧或租赁费对研发活动来说属于弱相关，研发人员若具有较强的创新能力，即使在车库也可以进行产品的研发创新；相反，研发人员若创新能力不强，有专门的科研大楼也难取得研发成果。

根据《国家税务总局关于研发费用税前加计扣除归集范围有关问题的公告》（国家税务总局公告 2017 年第 40 号），对研发费用加计扣除存在限制的主要项目如下。

（1）人员人工费用。内部研发人员的工资薪金和"五险一金"允许加计扣除，其中工资薪金包括按规定可以在税前扣除的研发人员股权激励支出。也就是说，为研发人员支付的工资薪金和"五险一金"以外的职工薪酬，不属于可以加计扣除的范围，如补充医疗保险等。

（2）折旧费用。折旧费用指用于研发活动的仪器、设备的折旧费。所以，房屋建筑物折旧不可以加计扣除，房屋租赁费也不可以加计扣除。

（3）无形资产摊销费用。无形资产摊销费用是指用于研发活动的软件、专利权、非专利技术（包括许可证、专有技术、设计和计算方法等）的摊销费用。所以，即使是专门用于研发活动的土地使用权摊销，也不可以加计扣除。

（4）与研发活动直接相关的其他费用。其他费用总额不得超过可加计扣除研发费用总额的 10%。其他费用包括技术图书资料费、资料翻译费、专家咨询费、高新科技研发保险费，研发成果的检索、分析、评议、论证、鉴定、评审、评估、验收费用，知识产权的申请费、注册费、代理费，差旅费、会议费，职工福利费、补充养老保险费、补充医疗保险费等。

# 三、研发支出全部费用化存在的问题

有些企业为了减少以后 IPO 申报时的麻烦，不被问询研发支出资本化的依据等，往往会将自行研发的无形资产或开发支出全部费用化。但要注意，企业在研发项目不满足资本化条件的情况下，对研发支出进行资本化处理不符合企业会计准则的规定；同样，将满足资本化条件的研发支出一概进行费用化处理，也不符合企业会计准则的规定。

高科技企业往往以研发创新驱动企业发展，在研项目的披露和合理资本化能够使被投资者直观了解企业目前的发展方向、技术路线和在研项目信息，表明企业的研发是有价值的，而将研发支出全部费用化，可能会让投资者认为研发项目不会为企业带来重要价值或研发项目不成功。当然，企业对研发支出进行资本化处理要有充足的依据，要经得起发审委等部门的问询。

与其他的会计政策相比，研发支出资本化存在特殊性。例如，折旧和摊销按照历史成本计量，将资产账面价值在各区间进行分摊，折旧的总额不变，只是时间上有差异，而且同类企业的类似资产可比，也有较客观的参考依据。研发支出则不同，费用化代表着沉没成本，一般不会给企业带来后续经济利益的流入，资本化的部分被认为后续能够为企业带来经济利益的流入。如果对研发支出进行了不恰当的费用化或资本化，会对企业的资产价值和未来前景造成误判，这是其他会计估计或政策所不具备的影响。

## 四、合作研发和委托研发的税会处理

研发活动主要有三种模式：独立研发、合作研发和委托研发。常见的是独立研发，或者只是将其中某个研发环节委托给其他供应商。在独立研发的模式下，企业对研发项目拥有完全的控制权，企业的研发支出按照实际发生额进行会计核算，符合研发费用加计扣除政策的研发支出可以享受相关的税收优惠政策。合作研发和委托研发具有一定的特殊性，需要引起企业的特别关注，否则容易产生会计核算错误，并引发税务风险。

## （一）合作研发

关于合作研发，首先需要对合作双方的权利义务进行详细的分析。如果合作双方都不具有主导地位，各自独立完成研发任务，并共享研发成果或者只享受自己负责部分的研发成果，在这种情况下，当某一方将对方的研发费用纳入自己的账务中进行核算时，就会出现会计核算与经济业务实质不相符的问题。如果在合作研发业务中，一方具有主导地位，另一方向其负责，这种情况更接近委托研发的模式，主导方向另一方采购了服务，应该将支付给对方的费用核算为自己的研发支出。

例如，某企业作为研发项目的牵头单位，与政府或其他方签订了项目（课题）承接合同，并收到了全部资金。牵头单位与项目（课题）成员单位之间签订了合作协议，约定根据其各自的优势开展项目，独立负责该项目（课题）的一部分，并就自己承担的部分任务承担最终的责任，项目（课题）经费根据一定的标准在项目（课题）成员单位之间进行分配。在这种情况下，牵头单位需要对自己承担的部分项目（课题）进行核算，而非将全部的项目（课题）经费计入收入，将转付给项目成员的资金计入成本。

在实务中，项目（课题）成员单位收到牵头单位拨付的资金后，向牵头单位开具发票的情况也较为普遍，牵头单位收到增值税专用发票后，不可抵扣进项税，否则会存在税务风险。如果有理由认为项目（课题）成员单位是在牵头单位的主导下，向牵头单位负责，由牵头单位承担最终责任，那么该项经济业务属于委托研发，可以理解为牵头单位向项目（课题）成员单位采购服务，此时抵扣进项税则具有合理性。

## （二）委托研发

国家税务总局公告 2017 年第 40 号重申，"国家税务总局公告 2015 年第 97 号第三条所称'研发活动发生费用'是指委托方实际支付给受托方的费用。无论委托方是否享受研发费用税前加计扣除政策，受托方均不得加计扣除。"

该公告内容可以分解为以下两点。

第一，委托方作为研发项目的所有权人，实际发生了研发费用，满足研发费用加计扣除政策时，委托方可以享受税收优惠政策。

第二，受委托方的主营业务之一便是受托研发，其进行的日常经营活动是研发，这属于收入准则规范的范畴，不属于一般意义上的研发活动。例如，一些医药研发企业向制药公司提供研发服务，而非制药公司先进行研发，后进行新药的生产和销售。

在委托研发的情况下，预付研发费的情况较为常见。有的企业在预付了研发费但未取得发票的情况下，长期不做账务处理，挂在预付账款账户；有的企业则在收到发票后一次性计入研发费用。这两种方法都不可取。企业需要定期，尤其是在财务报表日与受托方针对研发项目的进展情况进行沟通，然后根据研发进度及获得的信息综合判断项目从哪个时点开始满足资本化条件，不符合资本化条件的则进行费用化处理。

涉及委托外部单位研发的，由于获取的研发进度信息不准确，企业在所得税汇算清缴时，可能因未加计扣除而造成一定的损失，或者因提前加计扣除而造成较大的税务风险（收到发票后一次性加计扣除，实际的研发活动可能还未开始）。另外，企业还要特别注意以下政策规定。

国家税务总局公告 2015 年第 97 号："企业委托外部机构或个人开展研发活动发生的费用，可按规定税前扣除；加计扣除时按照研发活动发生费用的 80% 作为加计扣除基数。委托个人研发的，应凭个人出具的发票等合法有效凭证在税前加计扣除。"

国家税务总局公告 2017 年第 40 号："委托方委托关联方开展研发活动的，受托方需向委托方提供研发过程中实际发生的研发项目费用支出明细情况。"

财税〔2018〕64 号："委托境外进行研发活动所发生的费用，按照费用实际发生额的 80% 计入委托方的委托境外研发费用。委托境外研发费用不超过境内符合条件的研发费用三分之二的部分，可以按规定在企业所得税税前加计扣除。上述费用实际发生额应按照独立交易原则确定。委托方与受托方存在关联关系的，受托方应向委托方提供研发项目费用支出明细情况。"需要重点说明的是："委托境外进行研发活动应签订技术开发合同，并由委托方到科技行政主管部门进行登记。相关事项按技术合同认定登记管理办法及技术合同认定规则执行。"

## 五、一方负责研发，另一方负责生产的会计核算

委托研发本质上是委托方采购一项服务，只是这项服务是具备一定创新性的研究开发活动，对受托方的要求较高。由于研发结果具有不确定性，委托方对受托方的款项支付并非完全建立在研发成功的基础之上，即使研发失败，受托方通常在成本方面也会得到一定的补偿。

实务中，也有一些企业的合作是建立在双方优势互补的基础上，一方负责研发，另一方负责生产制造。如果负责研发的一方任务失败，负责生产的另一方不会支付任何费用，这种情况与委托研发有显著差异，更接近自行研发的模式。

【案例 10-1】甲公司和乙公司签订了合作协议，约定甲乙双方共同开发基于乙公司技术解决方案的新产品。协议中明确了双方的分工和职责：乙公司负责研究新产品的技术方案，新产品生产必须使用乙公司开发的技术方案，并由乙公司提供原材料；甲公司负责新产品的生产和销售。

乙公司开发的技术方案能否成功，尚存较大的不确定性。如果未来能运用乙公司的技术方案生产出合格的新产品，那么甲公司会根据实际销售产品的数量给予乙公司一定比例的许可费，直到产品生命周期结束；如果研发失败，乙公司未来无法获得相应的补偿。

针对上述情况，乙公司财务人员提出了三种会计处理方案：

（1）对前期的研发投入进行成本归集，作为合同履约成本在未来实现收入时进行摊销；

（2）将前期的研发投入作为无形资产进行资本化；

（3）由于技术能否成功存在较大的不确定，因此将研发投入全部费用化。

上述案例中的三种会计处理方案合理吗？符合企业会计准则的要求吗？解释如下。

本案例的背景较为复杂，对于乙公司来说，问题的实质是该业务在技术的开发阶段应该适用收入准则，还是无形资产准则。如果适用收入准则，那么涉及合同履约成本归集；如果适用无形资产准则，那么要满足资本化的条件。对于甲公司来说，如果适用收入准则，那么本质上是委托乙公司进行相关产品的研发，研发成功后，再基于乙公司的研发成果进行下一步的大规模生产。在这种情况下，甲公司通常需要支付委托研发费用，在研发成功后由甲公司拥有该技术的所有权。

本案例中的甲乙双方更多是基于各自的优势进行合作，乙公司利用其技术优势进行研发，而甲公司利用其生产制造能力进行生产。对于研发，乙公司不能在现阶段得到补偿，甲公司通过未来的特许使用费来对乙公司进行补偿，这就存在较大的不确定性，也难以作为可变对价确认为接受委托研发，并归集成本。实际上，合作协议只表明双方属于合作，并不属于甲方向乙方委托开发，乙方是获取研发收入，并归集研发成本。

在不能作为受托研发的情况下，乙公司实际就是自行研发，研发成功后，授权给甲公司使用。乙公司应该按照无形资产准则的要求，对研发项目区分研究阶段与开发阶段，其中研究阶段的支出全部费用化处理，开发阶段的支出，在符合资本化条件的前提下，进行资本化处理。项目开发成功后，结转为无形资产，采取系统合理的方法进行摊销。乙公司无形资产的摊销需要与日后的特许使用费收入的确认进行匹配。日后乙公司向甲公司销售的材料，在定价公允的情况下，单独确认为销售材料即可。简而言之，乙公司对该业务需要按照自行研发的模式进行会计核算，研发成功后授权给甲公司使用，甲公司在生产该新产品时向乙公司采购原材料。

综上所述，乙公司财务人员所提出的三种会计处理方案均不合理，乙公司对该研发项目承担了主要责任，除非研发成功，否则研发支出不能获得任何弥补，研发成功之后，乙公司拥有该技术的所有权和在产品生命周期内的经济利益流入，不适用收入准则，不应归集合同履约成本。另外，不论是企业自行研发，还是委托研发，均需要判断研发项目是否满足了资本化条件，并以满足资本化条件的时点作为费用化与资本化的分界点，而不是主观地将研发支出全部费用化或资本化。

## 六、上市公司开发支出的核算问题

2021 年 1—4 月，证监会会计部联合沪深交易所共同开展了

2020 年度财务报告审阅，通过年报分析发现个别上市公司的开发
支出核算存在如下问题：

　　个别上市公司对于内部研究开发项目，以前年度将相关支出
确认为开发支出，报告期公司进行战略调整，暂缓相关研究开发
项目，因而将开发支出累计发生余额转入当期管理费用。

　　上市公司应判断以前年度相关支出是否满足资本化条件，对
于不满足资本化条件的，应按照《企业会计准则第 28 号——会
计政策、会计估计变更和差错更正》相关规定进行会计处理。若
以前年度相关支出满足资本化条件，上市公司应按照资产减值准
则的规定，对已资本化的开发支出恰当计提减值损失，而非转入
管理费用。

　　实务中的研究开发活动相当复杂，研发支出资本化时点的合
理确定，需要研发人员、市场人员与财务人员的共同参与。企业
会计准则要求企业对研发支出区分费用化和资本化，并非在符合
资本化条件的前提下，可以选择费用化，或将费用化阶段的支出
进行资本化处理。

　　针对证监会会计部与沪深交易所发现的上述问题，理解
如下。

　　首先，企业在对研发项目进行会计核算时，应该遵循企业会
计准则的规定，恰当划分费用化与资本化的时点。

　　其次，在恰当划分费用化阶段与资本化阶段的基础上，在新

的会计年度，当研发项目发生重大不利变化时，企业需要对研发项目进行重新评估。这时存在以下两种情况：

（1）以前年度研发项目已经存在减值迹象，但未进行恰当的会计处理，在这种情况下，企业应该按照差错更正追溯调整以前年度损益，而非全部确认为本期损益；

（2）研发项目的减值问题是本期新发生的情况，企业需要对研发项目进行减值测试，并将减值准备计入当期损益。

最后，开发支出（开发支出，即资本化的研发支出，类似于在建工程与固定资产的关系，研发项目达到预定可使用状态后，开发支出需转为无形资产）属于一项资产，如果存在减值迹象，企业需要通过计提减值准备的方式调整资产账面价值，不能直接确认为管理费用。

## 七、研发过程中形成的产品销售收入的确认

企业在研发过程中（或在建工程未转固之前），可能会产生一些销售收入，有些企业会直接将这类收入计入营业收入，或冲减研发费用和在建工程成本。对于这类非正常经营阶段的收入，即非正常性收入的确认，企业应按照《企业会计准则解释第15号》执行。

《企业会计准则解释第15号》规定："企业将固定资产达到预定可使用状态前或者研发过程中产出的产品或副产品对外销售（以下统称试运行销售）的，应当按照《企业会计准则第14

号——收入》《企业会计准则第 1 号——存货》等规定，对试运行销售相关的收入和成本分别进行会计处理，计入当期损益，不应将试运行销售相关收入抵销相关成本后的净额冲减固定资产成本或者研发支出。试运行产出的有关产品或副产品在对外销售前，符合《企业会计准则第 1 号——存货》规定的应当确认为存货，符合其他相关企业会计准则中有关资产确认条件的应当确认为相关资产。本解释所称'固定资产达到预定可使用状态前产出的产品或副产品'，包括测试固定资产可否正常运转时产出的样品等情形。

测试固定资产可否正常运转而发生的支出属于固定资产达到预定可使用状态前的必要支出，应当按照《企业会计准则第 4 号——固定资产》的有关规定，计入该固定资产成本。本解释所称'测试固定资产可否正常运转'，指评估该固定资产的技术和物理性能是否达到生产产品、提供服务、对外出租或用于管理等标准的活动，不包括评估固定资产的财务业绩。"

按照上述规定，企业在建工程转固前的试运行收入，研发期间产生的试生产收入，在符合收入准则和存货准则的前提下，要确认为当期损益。非经常性收入不冲减成本支出，而是确认为收入。这样核算有利于直观了解企业的原始支出，若冲减了研发费用或在建工程成本，则无法完整地反映出企业的历史成本。

## 八、软件开发亏损合同的会计处理

不同的行业和产品形态会导致会计核算存在一定的差异。传统的制造业生产出产成品后，如果存货成本比市场价低，会出现减值的情况。软件开发行业的特点是开发完成即可交付，是无形的产品，成本主要是人工成本等，需要先在合同履约成本中进行归集。当合同收入高于合同履约成本时，客户合同不存在减值问题，否则就会出现资产减值问题，需要计提减值准备。

【案例 10-2】甲公司为乙公司提供定制化软件开发服务，采用时点法于验收时一次性确认收入。由于甲公司希望将乙公司发展为战略客户，因此收取的合同金额较低，该项目毛利率较低，可能会在后来的履约过程中成为亏损合同。这种情况在甲公司的软件开发业务中具有普遍性。财务人员 A 某提出了如下问题。

（1）在存在标的资产的情况下，亏损金额先计提存货减值准备，剩余部分确认预计负债，而软件开发的成本通过合同履约成本归集，这种无形的支出是否属于标的资产？

（2）若计提预计负债，对方科目是营业成本还是营业外支出？

实际上，案例中的合同履约成本相当于制造业的在产品，属于存货的范畴。对于"若计提预计负债，对方科目是营业成本还是营业外支出"这个问题，以制造业为例，同一种产品有的售价为 10 元，高于存货成本，毛利大于 0；有的售价为 5 元，低于存货成本，毛利小于 0。其中的存货成本都是按照成本核算方法计算出来的，不涉及营业外支出项目。软件行业虽然生产的是无形产品，但只是产品的外在表现形式不同，经济业务的实质并无显著差异，因此也不涉及营业外支出。在合同亏损的情况下，企业只需将合同履约成本或者存货净额调减至收入能够弥补的水平，如果计提的减值准确，最终实现销售时确认的收入与结转的成本是相等的。

【案例 10-3】沿用案例 10-2，假设双方签订的合同不含税收入为 100 万元，甲公司已经发生合同履约成本 60 万元，预计仍需发生合同履约成本 50 万元，即该合同的总成本预计为 110 万元，超过合同收入 10 万元。这种情形下，该合同已经发生了亏损额 10 万元，如果不计提减值准备，会导致本期报表资产出现虚增等问题。

（1）归集合同履约成本：

借：合同履约成本 600 000

　　贷：应付职工薪酬等 600 000

（2）合同发生亏损，计提减值损失：

借：资产减值损失 100 000

　　贷：合同履约成本减值准备 100 000

（3）继续进行软件开发：

借：合同履行成本 500 000

　　贷：应付职工薪酬等 500 000

（4）交付软件，确认收入并结转成本：

借：应收账款　　　　　　　　　　　　　1 000 000

　　贷：主营业务收入　　　　　　　　　　　1 000 000

借：主营业务成本　　　　　　　　　　　1 000 000

　　合同履约成本减值准备　　　　　　　　 100 000

　　贷：合同履约成本　　　　　　　　　　　1 100 000

【案例 10-4】沿用案例 10-2，双方签订的合同不含税收入为 100 万元，甲公司已经发生合同履约成本 200 万元，预计仍需发生合同履约成本 150 万元，即该合同的总成本预计为 350 万元，超过了合同收入 250 万元。这种情形下，该合同发生了亏损额 250 万元。

（1）归集合同履约成本：

借：合同履约成本　　　　　　　　　　　2 000 000

　　贷：应付职工薪酬等　　　　　　　　　　2 000 000

（2）计提减值损失：

借：资产减值损失　　　　　　　　　　　2 500 000

　　贷：合同履约成本减值准备　　　　　　　2 000 000

　　　　预计负债　　　　　　　　　　　　　 500 000

（3）继续开发：

借：合同履约成本　　　　　　　　　　　1 500 000

　　贷：应付职工薪酬等　　　　　　　　　　1 500 000

（4）交付软件，确认收入并结转成本：

借：应收账款                                1 000 000

    贷：主营业务收入                          1 000 000

借：主营业务成本                            1 000 000

    合同履约成本减值准备                  2 000 000

    预计负债                                 500 000

    贷：合同履约成本                         3 500 000

【案例 10-5】沿用案例 10-2，双方签订的合同不含税收入为 100 万元，甲公司已经发生合同履约成本 150 万元，预计仍需发生合同履约成本 50 万元，即该合同的总成本预计为 200 万元，高于合同收入 100 万元。在后续的开发过程中，甲公司共发生了 40 万元支出，而非原来预计的 50 万元。

（1）归集合同履约成本：

借：合同履约成本                           1 500 000

    贷：应付职工薪酬等                      1 500 000

（2）计提减值损失：

借：资产减值损失                            1 000 000

    贷：合同履约成本减值准备             500 000

       预计负债                        500 000

（3）继续开发：

借：合同履约成本                           400 000

    贷：应付职工薪酬等                      400 000

（4）交付软件，确认收入并结转成本：

借：应收账款　　　　　　　　　　　　　　1 000 000
　　贷：主营业务收入　　　　　　　　　　　　1 000 000

借：主营业务成本　　　　　　　　　　　　1 000 000
　　合同履约成本减值准备　　　　　　　　　 500 000
　　预计负债　　　　　　　　　　　　　　　 500 000
　　贷：合同履约成本　　　　　　　　　　　　1 900 000
　　　　资产减值损失　　　　　　　　　　　　 100 000

　　通过以上案例可知，在合同发生亏损的情况下，由于合同成本高于合同收入，企业需要将成本高于收入的部分确认为合同履约成本减值准备，调整之后的合同成本等于合同收入。当然，企业的合同成本核算不准确也可能出现合同履约成本高于合同收入的情况，在交付软件时，如果不先计提合同履约成本减值准备就直接结转营业成本，会导致营业成本高于营业收入，但也不涉及结转营业外支出的问题。不论是先计提合同履约成本减值准备，还是直接结转为营业成本，会计利润均不变，只是核算的科目不同。

　　最后需要注意的是，在案例 10-5 中，由于企业合同成本预算不准，预计还需要发生 50 万元的合同履约成本支出，但实际只发生了 40 万元。企业在以前年度多计提了 10 万元的资产减值损失和预计负债，在项目完工确认收入时，需要冲减 10 万元的资产减值损失。这相当于以前年度的利润总额少确认了 10 万元，本期多确认了 10 万元。实务中，如果合同成本预算的偏差在合理范围内，或者偏差金额较小，可以不进行追溯调整，直接确认在当期损益中。

第十一章

# 政府补助与商务补贴

## 一、政府补助的纳税时点

政府补助是企业从政府无偿取得的货币性资产或非货币性资产，其主要形式包括政府对企业的无偿拨款、税收返还、财政贴息，以及无偿给予的非货币性资产等。关于政府补助，财务人员要分清不征税收入与应税收入，同时把握好与资产相关的应税政府补助的纳税时点，避免因延迟缴纳所得税而给企业带来税务风险。

### （一）不征税收入的条件

根据《财政部 国家税务总局关于专项用途财政性资金企业所得税处理问题的通知》（财税〔2011〕70号），不征税收入需要满足以下三个条件：

"（1）企业能够提供规定资金专项用途的资金拨付文件；

（2）财政部门或其他拨付的政府部门对该资金有专门的资

金管理办法或具体管理要求；

（3）企业对该资金以及以该资金发生的支出单独进行核算。"

另外，根据《企业所得税法》，下列收入为不征税收入：

"（1）财政拨款；

（2）依法收取并纳入财政管理的行政事业性收费、政府性基金；

（3）国务院规定的其他不征税收入。"

企业在收到政府补助时，需要认真辨别是否满足不征税收入的条件，以免发生误用。需要说明的是，虽然不征税政府补助节省了所得税费用，但与此同时，企业使用政府补助所产生的支出是不可以在企业所得税税前抵扣的。

对于满足不征税收入条件的政府补助，企业也可以选择将其作为征税收入，在这种情况下，其形成的成本费用可以在企业所得税税前抵扣。如果相关补助与研发业务密切相关，企业将政府补助作为应税收入，政府补助形成的支出还可能享受研发费用加计扣除税收优惠政策。

可见，企业将政府补助作为不征税收入所节省的税款金额，可能不及将其作为应税收入并享受企业所得税税前抵扣的金额。因此，企业在经营正常，现金流量充裕的前提下，放弃将政府补助作为不征税收入可能更有利。

### （二）纳税义务发生时点

企业在收到政府补助后，便产生了纳税义务。企业收到的与收益相关的政府补助，由于已经于当期计入收入（其他收益），增加了应纳税所得额，因此多数企业的税务处理不存在问题。但是，对于与资产相关的政府补助，存在的税务处理问题较多。最常见的错误是，企业在收到与资产相关的政府补助后，先将其确认为递延收益，未及时缴纳企业所得税，在以后的会计期间将递延收益转入其他收益，计入损益时才缴纳企业所得税。

关于政府补助纳税义务时点的问题，《国家税务总局关于企业所得税若干政策征管口径问题的公告》（国家税务总局公告2021年第17号）明确指出："企业按照市场价格销售货物、提供劳务服务等，凡由政府财政部门根据企业销售货物、提供劳务服务的数量、金额的一定比例给予全部或部分资金支付的，应当按照权责发生制原则确认收入。

除上述情形外，企业取得的各种政府财政支付，如财政补贴、补助、补偿、退税等，应当按照实际取得收入的时间确认收入。"

【案例 11-1】甲公司构建某条生产线，共支出成本 200 万元，2022 年 12 月，甲公司的该项在建工程达到预定可使用状态。与此同时，甲公司收到了向当地政府部门申请的 100 万元固定资产补助，并将其确认为递延收益，该项政府补助属于应税所得。

甲公司对该类固定资产按照 10 年计提折旧，残值率为 0，递延收益的摊销期限也按照该政府补助所补贴的固定资产的折旧年限来确定。甲公司适用的企业所得税税率为 25%。相关业务的会计处理如下。

（1）2022 年 12 月，甲公司的该项在建工程达到预定可使用状态，并将其转固，当月收到当地政府的固定资产补助 100 万元：

借：固定资产——某生产线 2 000 000

　　贷：在建工程 2 000 000

借：银行存款 1 000 000

　　贷：递延收益 1 000 000

（2）此时甲公司对该项政府补助已产生纳税义务，由于该补助尚未计入甲公司 2022 年的收入，故甲公司需调增应纳税所得额 100 万元。这时甲公司提前缴纳了 25 万元的企业所得税，需确认递延所得税资产：

借：递延所得税资产 （1 000 000 × 25%）250 000

　　贷：所得税费用——递延所得税费用 250 000

（3）2023 年，甲公司的该项固定资产开始计提折旧，递延收益开始摊销：

借：制造费用 （2 000 000 ÷ 10）200 000

　　贷：固定资产累计折旧 200 000

借：递延收益 （1 000 000 ÷ 10）100 000

　　贷：其他收益 100 000

（4）甲公司将递延收益分期转入其他收益增加了各期的会计利润，由于其在 2022 年已经针对该项政府补助缴纳了全额企业所得税 25 万元，因此从 2023 年开始的十年内，甲公司应该调减应纳税所得额，并通过递延所得税调整所得税费用：

借：所得税费用——递延所得税费用

（100 000 × 25%）25 000

贷：递延所得税资产 25 000

## 二、个税手续费返还的税会处理

政府补助的主要特点是无偿性，政府对企业构建固定资产予以补助，企业属于纯获益方，在这种情况下，该业务适用《企业会计准则第 16 号——政府补助》（以下简称政府补助准则）不存在异议。但在企业代扣代缴个税和获得个税手续费返还的业务中，企业并非完全无偿获得经济利益流入，而是提供了代扣代缴个税服务，那么针对这类业务，企业该如何进行税会处理呢？

【案例 11-2】2023 年，某省税务局要求甲公司按照经纪代理业务对其收到的个税手续费返还款项确认收入，并缴纳增值税销项税。甲公司财务人员根据自己对企业会计准则的理解，认为该收入应该确认为其他收益，而非其他业务收入，但又担心纳税申报表中的收入与企业利润表中的收入不一致。

### （一）会计核算

关于个税手续费返还的税会处理，实务中有两种观点：一种观点认为个税手续费返还是企业从政府部门获得的经济利益流入，参照政府补助准则，应将其计入其他收益科目；另一种观点认为这笔业务是企业替政府代扣代缴个税，属于提供服务，应该确认为其他业务收入。出于以下三个方面的原因，企业将个税手续费返还确认为其他收益更合理。

第一，企业有主营业务，通过生产商品和提供服务获取利润是大多数企业的经营目的。企业代扣代缴个税和获得个税手续费返还是必须执行的，带有强制性，而非企业主动开展的一项业务。

第二，企业获得的个税手续费返还金额较小，难以支撑其作为一项经营业务且核算为其他业务收入。

第三，企业具有代扣代缴个税的法定义务，政府具有是否给予企业一定报酬的选择权，从这个角度来看，企业获得的个税手续费返还具有无偿性的特点。

### （二）增值税销项税处理

在案例 11-2 中，税务局并没有要求企业将此项收入按照代理业务确认为其他业务收入，只是强调企业获得的个税手续费返还属于增值税应税行为，应该按照代理收入涉及的税目与税率缴纳增值税。税务局的职责是征税，企业不论是将个税手续费返还计入其他业务收入还是其他收益，都不影响税收。

## （三）所得税纳税申报

企业收到的个税手续费返还，不论是计入其他业务收入，还是计入其他收益，都不属于免税项目，都需要缴纳企业所得税。此外，企业还需要注意，近几年财务报表的项目变动比较频繁，出现了很多新的报表项目，包括其他收益、资产处置收益、信用减值损失等，当然还包括将研发费用从管理费用中单独披露出来。但截至2022年企业所得税汇算清缴之时，企业所得税纳税申报表并没有及时更新，对此，国家税务总局关于纳税申报填报方法的明文规定是，除了研发费用外，其他几个存在变化的项目暂时不填。

根据2020年和2021年修订的《中华人民共和国企业所得税年度纳税申报表（A类，2017年版）》部分表单及填报说明：

第1-13行参照国家统一会计制度规定填写。本部分未设"研发费用""其他收益""资产处置收益"等项目，对于已执行《财政部关于修订印发2019年度一般企业财务报表格式的通知》（财会〔2019〕6号）的纳税人，在《利润表》中归集的"研发费用"通过《期间费用明细表》（A104000）第19行"十九、研究费用"的管理费用相应列次填报；在《利润表》中归集的"其他收益""资产处置收益""信用减值损失""净敞口套期收益"项目则无需填报，同时第10行"二、营业利润"不执行"第10行＝第1-2-3-4-5-6-7+8+9行"的表内关系，按照《利润表》"营业利润"项目直接填报。

# 三、政府补助的会计核算

在证监会会计部联合沪深交易所共同开展的 2020 年度财务报告审阅中，发现个别上市公司存在将所得税补贴、高新企业认定奖励等政府补助计入营业外收入的情况。该类政府补助通常属于与企业日常活动相关的政府补助，根据政府补助准则及相关规定，企业应当按照经济业务实质，将其计入其他收益或冲减相关成本费用；而与企业日常经营活动无关的政府补助，才计入营业外收入。

关于上市公司政府补助的会计核算问题，可以从应计入的会计科目与会计核算方法两方面进行分析。

## （一）应计入的会计科目

### 1. 应计入其他收益的政府补助

政府补助所补贴的项目产生的损益是确认在利润表中的营业利润项目之上的，企业应该将收到的政府补助计入其他收益。

### 2. 应计入营业外收入的政府补助

政府补助所补贴的项目产生的损益是确认在利润表中的营业利润项目之下的，企业应该将收到的政府补助计入营业外收入。

换言之，由于营业利润之上的项目为经常性项目，而这类项目支出的政府补助是与经营活动密切相关的，因此应该确认为其他收益；否则，可以认为企业收到的款项与经营活动无关，应该确认为营业外收入。

例如，高新技术企业认定补贴可以理解为政府对企业研发投入的补贴，贷款补贴是对财务费用的补贴，固定资产补贴是对制造费用等的补贴，研发费用、财务费用和营业成本也都确认在利润表的营业利润之上，与其相关的补贴都与企业的日常经营活动相关，故应确认为其他收益。由于企业在申请政府补助时，需要说明一定的原因，与经营活动无关的业务很难获得政府的支持，因此确认为营业外收入的政府补助较少，可能出现的情形是，自然灾害等不可抗力因素导致企业经营困难，企业存在倒闭的风险，政府为了地方稳定和恢复经济而发放补助等。

### （二）会计核算方法

企业将政府补助计入其他收益，采用的是总额法；而冲减成本费用，采用的是净额法。前者有利于企业完整地核算成本费用的总支出和收到的补助，体现出资产的历史成本；后者则是企业按照补贴后的实际支出确认，用政府补助冲减了资产成本，不能反映出资产的历史成本。通常来说，按照净额法确认会导致资产规模变小，同时减少了成本费用。因此，实务中，企业通常是将政府补助按照总额法予以确认。

【案例 11-3】2023 年 5 月 1 日，甲公司向银行取得了短期借款 100 万元，借款合同约定的年化利率为 3%，借款期限为 1 个月。当地政府为鼓励企业提高经营业绩，对甲公司承担的 3% 借款利率，同意按照 2% 的年化利率给予补助。

1. 按照总额法进行会计核算

（1）2023 年 5 月 1 日，甲公司取得短期借款：

借：银行存款 1 000 000

　　贷：短期借款 1 000 000

（2）2023 年 5 月 31 日，还本付息，并获得政府补助：

借：短期借款 1 000 000

　　贷：银行存款 1 000 000

借：财务费用——利息支出 （1 000 000×3%÷12）2 500

　　贷：银行存款 2 500

借：银行存款 （1 000 000×2%÷12）1 666.67

　　贷：其他收益 1 666.67

2. 按照净额法进行会计核算

借：财务费用——利息支出

$$[1\ 000\ 000×（3\%-2\%）÷12]833.33$$

　　贷：银行存款 833.33

（其他会计分录略。）


　　通过以上两种会计核算方法可知，企业将收到的政府补助按照总额法进行核算，确认为其他收益，可以反映出该借贷业务的市场化资金成本；而按照净额法进行核算，用政府补助冲减利息支出，仅反映了企业实际负担的资金成本。

## 四、政府补助的暂估确认

政府补助须同时满足以下两个条件才能予以确认：

（1）企业能够满足政府补助所附条件；

（2）企业能够收到政府补助。

政府补助的无偿性与其所施加的条件并不冲突，一方面，政府向企业转移经济利益不以企业向政府销售产品或提供服务为前提，即政府对企业的款项拨付并非政府采购业务；另一方面，企业获得政府补助需要满足一定的前提条件。

【案例 11-4】甲公司入驻某地产业园区，并与当地管委会签订了协议，约定如果甲公司三年累计销售收入指标符合要求，管委会将对这三年的租金费用予以补贴，或者从第三年的租金里直接抵扣。第二年，甲公司经过测算，认为三年累计收入可以达标，但由于尚未满三年，甲公司还没有收到管委会的租金补助。甲公司财务人员认为可以先暂估确认对政府的应收款项和政府补助收入。

上述案例中约定的销售收入指标，是甲公司能否获得政府补助的条件。那么，甲公司在第二年是否可以暂估确认政府补助呢？从政府补助的两个确认条件来看，其接近于收付实现制，甲公司需要满足当时约定的全部条件，并且能够确信政府有能力履约才可以确认。

【案例 11-5】甲公司是一家粮食收购与储备企业，2023 年 5 月，该公司按照 1 元 / 千克的价格向乙公司销售了 1 吨玉米，货款尚未收到。由于甲公司的该笔销售业务是按照政府的指导价定价，价格低于市场价格，因此其销售的每千克玉米可以得到 0.5 元的政府补助，共计 500 元。

本案例中，甲公司收到的来源于政府的补贴款并非无偿获得，而是与其销售业务紧密联系在一起的，政府补贴款与乙公司支付的货款共同构成了甲公司该笔销售业务的全部收入。具体会计分录如下：

借：银行存款　　　　　　　　　　　　　　　　500
　　应收账款——乙公司　　　　　　　　　　1 000
　　贷：主营业务收入　　　　　　　　　　　　　1 500

## 五、通过中介机构申请政府补助的会计核算

实务中，有些企业会聘请中介机构代为申请政府补助，中介机构收取的咨询费一般以能否申请成功为前提，且咨询费的计算以政府补助金额为基础。这种情况下，政府补助的会计核算具有一定的特殊性，企业需谨慎处理。

【案例 11-6】甲公司聘请中介机构代为申请政府补助，双方签订的合同约定，若政府补助申请成功，甲公司按取得政府补助

金额的 30% 支付中介机构咨询费。甲公司财务人员认为该项业务存在两种处理方案：一是甲公司将支付的咨询费计入营业外支出，并全额确认政府补助；二是按照扣除咨询费后的金额确认政府补助。

这个案例中，政府补助的会计核算需要注意以下两点。

（1）甲公司需要按照总额法确认政府补助，而非按照扣除咨询费后的净额法确认政府补助。实务中，申请政府补助已经成为某些企业的一项日常经营策略，这些企业配备了专职人员负责申请政府补助或者高新技术企业资格，并将相关人员的工资薪酬计入管理费用。虽然本案例情况特殊，企业将申请政府补助外包给了中介机构，但仍属于常规的管理事项，相关费用不应计入营业外支出，而应计入管理费用。另外，本案例的业务涉及两个事项，一是申请政府补助，二是采购咨询服务。两个业务具有紧密联系，且不可以抵销。甲公司按照收到的政府补助净额来确认，不能完整地反映该业务的经济实质，应该分别确认收入与成本费用支出。

（2）甲公司能否收到政府补助具有不确定性，应该遵循收付实现制的原则，在实际收到政府补助款时再确认收入。而咨询费是以能否获得政府补助为前提的，由政府补助来补偿，因此不需要预提咨询费用，在获得政府补助时确认即可。

# 六、银行向客户赠送软件以获取客户合同

除了政府补助，实务中，企业还可能收到来源于合作伙伴的补贴，可以称为商务补贴。通常来说，这类补贴必然与双方的交易存在千丝万缕的联系。市场主体之间的补贴行为并非有偿的，也可能是无偿提供的，只是附加了一些条件。对于类似业务，财务人员需要做出专业判断，恰当地进行会计处理。

【案例 11-7】甲公司、乙银行和丙软件公司签署了三方协议，主要合同条款如下：

（1）为提升甲公司的信息化水平，丙公司为甲公司提供 ERP 软件开发服务，总金额为 100 万元；

（2）ERP 软件成本由乙银行承担，并直接支付给丙公司，丙公司向乙银行开具增值税专用发票；

（3）开发完成后，软件的知识产权归属于丙公司，软件的所有权归属于乙银行，并交由甲公司及其下属分、子公司永久使用，在不侵犯丙公司知识产权的前提下，甲公司对软件的使用时间、方式等不受丙公司限制。

同时约定，甲公司与乙银行开展为期三年的合作，合作内容为：

（1）甲公司应将乙银行作为战略合作银行，同类产品和服务优先选择与乙银行合作；

（2）合作期内，甲公司在乙银行的日均存款、人民币业务结

算量、对公账户数量在全部银行机构份额中保持首位；

（3）甲公司在乙银行的国际业务结算量份额在全部银行机构份额中保持首位。

这个案例中，丙公司负责开发 ERP 软件，并向乙银行收取了 100 万元费用，该业务属于市场化交易，可以认为乙银行获取该软件所支付的价格是公允的。该软件涉及金额较大，乙银行替甲公司承担该笔费用的前提条件是甲公司要与银行开展更密切的业务联系，虽然乙银行保留了该软件的所有权，但该软件是针对甲公司的定制化开发，受益对象仍属于甲公司。这里需要区分两种情况进行分析。

## （一）银行日后提供的服务完全按照市场价

在这种情况下，对于乙银行来说，可以考虑在合同期间内对 100 万元支出进行摊销，而不必一次性费用化，这属于乙银行为了取得合同而支付的增量成本，预期能从日后的交易中获得弥补，是合同取得成本。

对于甲公司来说，该软件符合资产的定义及确认条件，应该作为无形资产来核算：首先，软件的开发是基于甲、乙、丙签订的三方协议；其次，甲公司获得的软件具有切实的价值，成本也可确定；最后，软件的使用有助于提高甲公司的管理水平，增加甲公司的经济利益流入或减少经济利益流出。由于甲公司日后是按照市场价对银行所提供的服务进行支付，并未承担多余的合同义务，因此可以理解为甲公司获得了乙银行的非货币性捐赠，应该按照软件的公允价值将该款项确认为营业外收入。

甲公司一次性确认无形资产和营业外收入 100 万元，可能对其财务报表产生较大的影响。这时要看甲公司与乙银行是否存在关联关系，如果存在交易显失公允的情况，应该考虑将获得的收益确认为资本公积，而非计入当期损益。

### （二）日后银行调高服务收费

对于乙银行来说，日后向甲公司提供服务时，服务费用可以分解为两部分：一是按照市场价格收取的费用，二是超过市场价格的服务收费。本质上，乙银行所提高的收费是对其承担软件成本的补偿，在这种情况下，乙银行仍可以在与甲公司签订的服务期间内分期摊销软件成本。

对于甲公司来说，其获得软件的市场价和入账价仍为 100 万元，但是，由于甲公司日后所支付的服务费超过了市场价格，多支付的部分构成了获取软件的成本，因此其应该将软件市场价格扣除多支付部分的差额作为无偿获得的资源流入，并确认为营业外收入。

## 七、平台型电商补贴业务的收入确认及增值税处理

在传统交易中，涉及发放优惠券的情形主要有两类：一类是（平台）卖方自发实施的优惠券发放活动；另一类是平台型电

商统一组织的，由平台卖方自愿参与的优惠活动，如"双十一购物狂欢节"。这两类优惠活动虽然也属于对平台买方的让利行为，但由于是平台卖方自愿参与活动，自行承担责任，因此直接按照折扣销售的会计处理方法，即按照优惠之后的金额确认收入和增值税即可。这两类优惠情形与平台型电商对平台买方的补贴业务有本质的区别，也导致平台型电商对平台买方补贴业务的税会处理存在一些问题。

【案例 11-8】甲电子商务有限公司（以下简称甲公司）入驻乙平台型电商（以下简称乙平台），主营业务为电子产品的销售。双方签订的合作框架协议约定，甲公司通过乙平台实现的产品销售，需要向乙平台支付渠道费，并接受乙平台的监督管理，落实消费者权益的维护，合法开展经营。为了双方业务的发展，甲乙双方在平等协商的基础上进行互利合作。根据甲乙双方的合作框架协议，双方签订了如下临时促销合作协议：

　　"乙平台为增强平台买方对其开发的购物客户端的用户黏性，拟向平台买方发放优惠券，平台卖方按照优惠后的金额从平台买方收取货款，补贴部分的收入，由乙平台直接向甲公司支付。例如，甲公司通过乙平台销售了单价为 300 元的 A 电子产品，乙平台向平台买方丙客户（以下简称丙）发放了 50 元的优惠券，丙实际支付了 250 元，购得了原价 300 元的 A 电子产品，乙平台向甲公司支付 50 元补贴款，甲公司销售 A 电子产品的最终收款金额为 300 元。此外，乙平台要求甲公司针对向其支付的 50 元补贴款开具税率为 6% 的服务项目增值税专用发票。"

## （一）对案例中补贴业务适用企业会计准则的分析

本案例的背景是平台型电商对平台买方进行补贴，平台买方按照补贴后的金额购买甲公司的产品，这种业务模式在平台经济中较为普遍。其与国家对电动汽车购置者购买电动汽车后，政府根据一定的标准对厂商进行补贴，购车者按照补贴后的价格购置电动汽车的业务实质类似。类似的业务还有很多，如国家对居民购买节能灯的补贴，这些行为都是国家引导产业发展的一个举措。

根据政府补助准则的相关规定："企业从政府取得的经济资源，如果与企业销售商品或提供服务等活动密切相关，且是企业商品或服务的对价或者是对价的组成部分，适用《企业会计准则第 14 号——收入》等相关会计准则。"在政府对电动汽车、节能灯补贴等的业务中，虽然款项由政府支付给企业，且企业无须向政府提供产品或服务，表面上符合政府补助准则要求的无偿性，应该适用政府补助准则，但这种情形并不是无偿的资金拨付，政府补贴款与厂商产品销售直接相关，是构成厂商销售收入的一个组成部分，因此，对厂商收到的相关的政府补贴，应适用收入准则，而不是政府补助准则。另外，国家税务总局公告 2021 年第 17 号规定："企业按照市场价格销售货物、提供劳务服务等，凡由政府财政部门根据企业销售货物、提供劳务服务的数量、金额的一定比例给予全部或部分资金支付的，应当按照权责发生制原则确认收入。"可见，企业会计准则与国家税务总局的相关公告对这类补贴业务的规范是一致的。

本案例中，乙平台对甲公司补贴业务的特殊性在于：甲公司收到的补贴款不是来源于政府，而是来源于乙平台。虽然企业会计准则对此类情况并无明确规定，但甲公司销售产品并直接从丙和乙平台两方取得了合同对价，共同构成了一笔完整的销售回款。乙平台补贴金额与甲公司销售量（额）密切相关，对甲公司来说，该业务涉及的补贴款应适用收入准则，即甲公司应将从乙平台获得的平台补贴确认为营业收入。此外，乙平台向甲公司直接支付补贴款的行为，与政府向厂商支付补贴款的效果类似，都可以理解为：补贴提供方先向最终消费者支付补贴款，消费者再向厂商全额支付货款。只不过，直接向厂商支付补贴款要比向分散的消费者支付补贴款更加高效和便于操作，从这个角度来看，购销业务实际发生在甲公司与丙之间，而不是甲公司在向丙销售产品的同时，还向乙平台提供了某类服务。

### （二）对案例中补贴业务适用增值税税目和税率的分析

增值税税目和税率的适用与销售货物、提供服务的类型密切相关，基于上文对甲公司关于补贴部分会计处理的分析，我们认为补贴款是货物销售款的组成部分，甲公司收到的乙平台补贴应该按照货物销售的税目和税率缴纳增值税，即本案例适用13%的货物销售增值税税率，而不是 6% 的服务类税率。

### 1. 基于买方视角

在本案例中，丙在线支付了 250 元的合同价款，并获得了原价 300 元的电子产品。虽然平台型电商与平台卖家的角色定位存在差异，但是对于平台买方来说，他们并不区分平台型电商和平台卖方，而是将两者作为一个整体看待。丙所购买的货物由甲公司销售，优惠券来自乙平台，其并不对此做区分，而是将两者视为一个整体。丙直接按照优惠后的价格购买产品，并不存在无偿获得产品的情况，不属于接受赠予的业务，所以也不需要缴纳个人所得税。因此，基于买方视角，本业务性质单纯，并不复杂，对丙来说该交易就是一项简单的采购业务。

### 2. 基于平台视角

对乙平台而言，向丙提供补贴的目的是增加平台买方对其客户端的使用频率和用户黏性，可以理解为一项推广业务，业务实质是乙平台替丙承担了一部分货款，以提高平台买方的客户忠诚度和重复购买率。乙平台向甲公司实际支付了补贴款，所以具有索取发票的现实需要，而且基于目前的税法框架，其只能向收款方索取，即要求甲公司开具发票。这些事实造成了平台经济中补贴业务增值税适用税目和税率的争议点。那么，基于乙平台的视角，是否可以要求甲公司开具增值税专用发票呢？

乙平台向平台买方提供了补贴，使平台买方实际支付的款项降低，但是，由于产品本身不可分割，乙平台也并未控制该产品，其与甲公司不存在实物流关系，我们无法假设乙平台是先从甲公司采购了产品后转赠给平台买方，乙平台也就不存在要求甲公司向其开具货物销售增值税专用发票的法律依据。当然，在本案例中，乙平台也并未要求甲公司开具货物销售发票，而是要求开具增值税税率为 6% 的服务类发票。但是，基于上文的分析可知，乙平台通过向丙发放优惠券换取丙用户对平台客户端的使用频率和用户黏性，而不是从甲公司采购某类服务，所以基于乙平台的视角，向甲公司索要服务类发票不具有合理性。

### 3. 基于甲公司的视角

在传统业务中，通常由销售者向客户提供优惠券，客户直接按照折扣后的金额结算，即，卖方与发放优惠券的主体是统一的，只要卖方允许买方使用优惠券，卖方按照优惠之后的金额确认收入和缴纳增值税即可。在平台经济中，如本案例的情形，甲公司未制定促销措施，而是乙平台根据其销售政策制定了促销措施，并直接对平台买方发放优惠券。甲公司从丙和乙平台两方获得了销售产品的全部合同对价，这与通常情形中商家主动发放优惠券的模式不同，在本案例的情形下，甲公司实质并不涉及优惠问题。从甲公司收入确认的角度看，甲公司只履行了电子产品交付这一单项履约义务，并未提供其他的产品或服务，收到的全部合同价款只能对应一项货物销售，并按照货物销售的税目和税率，即按照 13% 的税率缴纳增值税，而不是按照 6% 的服务类税目缴纳销项税。

最后，由于销售一方的销项税便是采购一方的进项税，甲公司不具备开具服务类发票的业务依据，当然乙平台也不具备索取服务类发票的权力。在本案例中，甲公司应该确认的收入以及对应的增值税销项税额如下：

借：应收账款等——乙平台（乙平台代收部分）　　250.00

　　　　　　　——乙平台（乙平台补贴部分）　　 50.00

贷：主营业务收入　　［（250+50）÷（1+13%）］265.49

　　应交税费——应交增值税（销项税额）　　　 34.51

# 第十二章

# 其他常见税会问题

## 一、新债务重组准则——以房抵债

为了促进销售，改善客户关系，增强产品竞争力，供应商向客户提供商业信用的现象普遍存在，商业信用融资是客户获取资金的重要途径。供应商会给予客户一定的信用期，在信用期之内，客户以货币资金来清偿债务。如果客户发生经营困难，不能如期偿还债务，购销双方可能会对债务偿还的条件进行重新约定，这种情况下往往会出现债务重组，且通常是债权人做出一定的让步。

### （一）会计处理

【案例 12-1】由于经营困难，甲公司拖欠乙公司的 2 000 万元货款到期无力偿还。甲乙协商之后一致同意，甲公司用 1 套房、2 个车位、1 间贮藏室来抵债。甲乙认定偿债资产的价值为 1 900 万元，剩余的 100 万元用现金支付。偿债资产的评估值实际为 1 500 万元，其中房屋、车库、储藏室的评估值分别为

1 400 万元、50 万元、50 万元，由甲公司向乙公司开具增值税专用发票。

乙公司将对甲公司的债权分类为以摊余成本计量的金融资产（应收账款），甲公司将其分类为以摊余成本计量的金融负债（应付账款）。截至债务重组日，乙公司应收账款余额为 2 000 万元，已计提坏账准备 100 万元，净值为 1 900 万元。甲公司房产的账面原值是 1 000 万元，按照 20 年计提折旧，已计提累计折旧 50 万元，净值是 950 万元。房产所在地的契税税率是 3%，增值税税率为 9%，不考虑印花税等。

下面以该案例为背景，对新债务重组准则——以房抵债的税会处理进行分析。

上述案例中，乙公司的应收账款净值和甲公司的固定资产净值都是账面金额，不属于公允价值。在债务重组中，债权的公允价值是考虑了预期信用损失及单纯时间流逝因素之外风险的价值，故债权的公允价值金额通常小于账面价值。甲乙双方约定的房产价值可能并不公允，需要对其进行资产评估，作为乙公司获得资产的入账依据，缴纳契税的计税依据，以及将来出售房产时计算土地增值税的基础。债权的公允价值较难获得客观依据，房产评估值是乙公司债权价值的最佳印证，可以作为债权公允价值的合理依据。

企业获取的房产用于出租或出售的，会计核算上要计入投资性房地产。根据新债务重组准则的规定，债权人对受让的投资性房地产进行初始计量时，应该包括放弃债权的公允价值和可直接归属于该资产的税金等其他成本费用。因此，乙公司需将支付的契税等税费计入投资性房地产的入账成本。

以多项资产清偿债务或者组合方式进行债务重组的，债权人应当先按照《企业会计准则第 22 号——金融工具确认和计量》的规定确认和计量受让的金融资产和重组债权，然后按照受让的金融资产以外的各项资产的公允价值比例，对放弃债权的公允价值扣除受让金融资产和重组债权确认金额后的净额进行分配，并以此为基础分别确定各项资产的成本。放弃债权的公允价值与账面价值之间的差额，应当计入当期损益。参考以上规定，乙公司需要将收到的货币资金予以剔除，将债权余额与获得资产公允价值的差额确认为债务重组损失。

针对本例，债权人（乙公司）与债务人（甲公司）的会计处理如下。

### 1. 债权人（乙公司）的会计处理

乙公司作为房产的承受单位，需要缴纳契税，契税的计税依据为房产成交价，在本案例中为房产评估值 1 500 万元：

契税 =1 500 × 3%=45（万元）

增值税进项税额 =1 500 × 9%=135（万元）

会计分录如下：

| | |
|---|---|
| 借：投资性房地产 | 15 000 000 |
| 坏账准备 | 1 000 000 |
| 投资收益——债务重组损失 | 1 650 000 |
| 应交税费——应交增值税（进项税额） | 1 350 000 |
| 银行存款 | 1 000 000 |
| 贷：应收账款——甲公司 | 20 000 000 |
| 借：投资性房地产 | 450 000 |
| 贷：银行存款 | 450 000 |

乙公司投资性房地产的初始入账价值为房产评估值与契税之和，共计1 545万元。

另外，以上出于简化处理目的，未将乙公司获得的资产总价在不同资产之间进行分摊，在会计处理时需要具体到特定资产：

分摊的房屋成本 =1 545× [ 1 400÷（1 400+50+50）]

=1 442（万元）

分摊的车位总成本 =1 545× [ 50÷（1 400+50+50）]

=51.5（万元）

一个车位的成本 =51.5÷2=25.75（万元）

分摊的储藏室成本 =1 545× [ 50÷（1 400+50+50）]

=51.5（万元）

### 2. 债务人（甲公司）的会计处理

借：固定资产清理　　　　　　　　　　　　　9 500 000

　　累计折旧　　　　　　　　　　　　　　　 500 000

　　贷：固定资产　　　　　　　　　　　　 10 000 000

借：固定资产清理　　　　　　　　　　　　　1 350 000

　　贷：应交税费——应交增值税（销项税额）　1 350 000

借：应付账款——乙公司　　　　　　　　　 20 000 000

　　贷：银行存款　　　　　　　　　　　　　1 000 000

　　　　其他收益——债务重组收益　　　　　8 150 000

　　　　固定资产清理　　　　　　　　　　 10 850 000

## （二）税务处理

【案例 12-2】沿用案例 12-1，甲公司无力偿还拖欠乙公司的 2 000 万元货款，甲乙协商一致，同意甲公司用评估值为 1 400 万元的房产偿债。

　　新债务重组准则要求债权人的损失通过投资收益科目核算，而原准则要求采用营业外支出科目；新债务重组准则要求债务人的收益通过其他收益科目核算，而原准则要求分两步核算，先按照公允价值转让资产，再清偿债务。由于债权人在债务重组时通常会发生损失，发生的损失在获得合法凭证的前提下，可以在企业所得税税前抵扣，因此会导致一定的税会差异。下面主要针对债务人的税务处理问题进行说明。

根据新债务重组准则，在会计核算上，债务人不再区分资产转让收益和债务重组收益两部分，统一确认为其他收益。但在税务上，债务人仍需要区分两个步骤，下面模拟原债务重组准则下的会计分录：

借：应付账款——乙公司                      20 000 000

    贷：固定资产清理                 10 850 000

        营业外收入（固定资产处置损益）     4 500 000

        营业外收入（债务重组利得）        4 650 000

针对以上分录，其中甲公司房产的公允价值为 1 400 万元，账面净值为 950 万元，450 万元属于处置资产的损益；甲公司处置房产支付了 135 万元的增值税，房产含税价为 1 535 万元，与 2 000 万元债务原值的差额为 465 万元，这一金额属于债务重组收益。如果满足债务重组收益占当期应纳税所得额比例超过 50% 的条件，甲公司可以适用特殊性税务处理，将 465 万元的债务重组收益递延纳税，分五年平均计入各年的应纳税所得额，具体依据如下。

根据《财政部 国家税务总局关于企业重组业务企业所得税处理若干问题的通知》（财税〔2009〕59 号）："企业债务重组确认的应纳税所得额占该企业当年应纳税所得额 50% 以上，可以在 5 个纳税年度的期间内，均匀计入各年度的应纳税所得额。以非货币资产清偿债务，应当分解为转让相关非货币性资产、按非货币性资产公允价值清偿债务两项业务，确认相关资产的所得或损失。债务人应当按照支付的债务清偿额低于债务计税基础的差额，确认债务重组所得；债权人应当按照收到的债务清偿额低于债权计税基础的差额，确认债务重组损失。"

### （三）纳税申报的特殊考虑

企业在完成债务重组后要报送和申报相关资料，《国家税务总局关于企业重组业务企业所得税征收管理若干问题的公告》（国家税务总局公告2015年第48号）对此做出了相关规定，具体如下。

（1）重组当事各方企业适用特殊性税务处理的应确定重组主导方，其中债务重组的主导方为债务人。

（2）重组业务完成当年是指重组日所属的企业所得税纳税年度。债务重组以债务重组合同（协议）或法院裁定书生效日为重组日。

（3）企业重组业务适用特殊性税务处理的，重组各方应在该重组业务完成当年，办理企业所得税年度申报时，分别向各自主管税务机关报送《企业重组所得税特殊性税务处理报告表及附表》和申报资料。重组主导方申报后，其他当事方向其主管税务机关办理纳税申报。申报时还应附送重组主导方经主管税务机关受理的《企业重组所得税特殊性税务处理报告表及附表》（复印件）。

# 二、政策性搬迁

近年来，一些涉污企业应当地政府的要求，实施了政策性搬迁，其中有些企业的税会处理就存在问题。

【案例12-3】乙公司（以下简称乙方）是一家管材生产企业，由于市政规划原因，所占土地用途发生变化。当地政府（以下简称甲方）要求乙方限期腾退，并给予一定的补偿。搬迁协议的部分条款如下。

1. 补偿对象和金额

甲方向乙方合计支付2 602万元补偿款，具体的补偿对象和金额如下：

（1）房屋建筑物，评估价值为800万元；

（2）土地使用权，评估价值为600万元；

（3）搬迁补偿2万元；

（4）其他各类资产补偿500万元；

（5）停产停业补偿700万元。

2. 款项支付方式

甲方分三期向乙方支付补偿款，具体如下。

第一期，合同生效后，乙方将不动产产权证交付甲方，甲方确认无误后支付1 000万元。

第二期，乙方配合甲方对不动产产权证进行注销或变更后的10日内，甲方支付1 000万元。

第三期，乙方清理可以移动的资产，将土地和不可移动的资产移交给甲方，办理完交接手续后 30 日内，甲方一次性支付剩余款项。乙方应向甲方开具等额增值税发票。

## （一）会计处理

目前，政策性搬迁的定价普遍是基于对资产价值的评估，政府在评估值的基础上给予搬迁企业适当的补偿，且补偿采取分期支付的方式。上述案例中，乙方应做如下会计处理。

（1）收到第一笔款项

| | |
|---|---|
| 借：银行存款 | 10 000 000 |
| 　　贷：递延收益 | 10 000 000 |

（2）收到第二笔款项

| | |
|---|---|
| 借：银行存款 | 10 000 000 |
| 　　贷：递延收益 | 10 000 000 |

（3）收到第三笔款项

| | |
|---|---|
| 借：银行存款 | 6 020 000 |
| 　　贷：递延收益 | 6 020 000 |

（4）对不动产进行清理和处置

由于不动产是按照其评估值确认的价款，因此乙方应该按照转让不动产来核算，适用固定资产准则和无形资产准则。假设本案例中固定资产的原值为 600 万元、累计折旧 100 万元，无形资产的原值为 500 万元、累计摊销 200 万元。

借：递延收益　　　　　　　　　　　　 8 000 000

　　贷：资产处置收益（固定资产处置）　　　 8 000 000

借：固定资产清理　　　　　　　　　　　 5 000 000

　　累计折旧　　　　　　　　　　　　　 1 000 000

　　贷：固定资产　　　　　　　　　　　　　 6 000 000

借：资产处置收益　　　　　　　　　　　 5 000 000

　　贷：固定资产清理　　　　　　　　　　　 5 000 000

借：递延收益　　　　　　　　　　　　　 6 000 000

　　贷：资产处置收益（无形资产处置）　　　 6 000 000

借：资产处置收益　　　　　　　　　　　 3 000 000

　　累计摊销　　　　　　　　　　　　　 2 000 000

　　贷：无形资产　　　　　　　　　　　　　 5 000 000

即，不动产的转让所得＝［800-（600-100）］+［600-（500-200）］=600（万元）。

（5）搬迁补偿

这里的搬迁补偿主要是对乙方撤离原厂过程中发生的搬迁费用的补偿，费用发生时，乙方应将递延收益结转到其他收益，属于与收益相关的政府补助。

借：递延收益　　　　　　　　　　　　　 20 000

　　贷：其他收益　　　　　　　　　　　　　 20 000

（6）其他资产的补偿

乙方需要对被补助的资产进行区分，如果是购置了全新设备，需要按照全新设备的折旧年限分期将递延收益结转到其他收益；涉及旧设备重新安装的，应按照旧设备预计可使用年限将递延收益结转到其他收益。也就是说，对资产的补助要按照政府补助准则中与资产相关的政府补助进行核算。本案例中，假设乙方搬迁过程中更换了全新的设备，并按照 10 年的折旧年限计提折旧。

借：递延收益　　　　　　　　（5 000 000 ÷ 10）500 000

　　贷：其他收益　　　　　　　　　　　　　　　　500 000

（7）停产停业补偿

乙方停产后可能还需要支付工资及其他费用，本项补助可在搬迁期间从递延收益结转到其他收益，作为对乙方停工期间支出的补助。假设搬迁期间为 2 年。

借：递延收益　　　　　　　　　（7 000 000 ÷ 2）3 500 000

　　贷：其他收益　　　　　　　　　　　　　　　3 500 000

以上会计处理的基本原则是：政府的款项支付是基于搬迁方资产的公允价值，乙方并非无偿获得经济利益，不作为政府补助来核算；乙方获取的超过所补偿资产公允价值的部分，具有无偿性，适用政府补助准则。

### （二）税务处理

#### 1. 企业所得税方面

首先，企业需要确定搬迁是否属于政策性搬迁。根据《企业政策性搬迁所得税管理办法》第三条："企业政策性搬迁，是指由于社会公共利益的需要，在政府主导下企业进行整体搬迁或部分搬迁。企业由于下列需要之一，提供相关文件证明资料的，属于政策性搬迁：

（一）国防和外交的需要；

（二）由政府组织实施的能源、交通、水利等基础设施的需要；

（三）由政府组织实施的科技、教育、文化、卫生、体育、环境和资源保护、防灾减灾、文物保护、社会福利、市政公用等公共事业的需要；

（四）由政府组织实施的保障性安居工程建设的需要；

（五）由政府依照《中华人民共和国城乡规划法》有关规定组织实施的对危房集中、基础设施落后等地段进行旧城区改建的需要；

（六）法律、行政法规规定的其他公共利益的需要。"

其次，企业在确定属于政策性搬迁之后，需要对该业务进行独立核算。根据《企业政策性搬迁所得税管理办法》第四条："企业应按本办法的要求，就政策性搬迁过程中涉及的搬迁收入、搬迁支出、搬迁资产税务处理、搬迁所得等所得税征收管理事项，单独进行税务管理和核算。不能单独进行税务管理和核算的，应视为企业自行搬迁或商业性搬迁等非政策性搬迁进行所得税处理，不得执行本办法规定。"

最后，根据企业经营情况确定是否适用政策性搬迁税务政策，以做好税务筹划。根据《企业政策性搬迁所得税管理办法》第十七条："下列情形之一的，为搬迁完成年度，企业应进行搬迁清算，计算搬迁所得：

（一）从搬迁开始，5年内（包括搬迁当年度）任何一年完成搬迁的；

（二）从搬迁开始，搬迁时间满5年（包括搬迁当年度）的年度。"

第十八条："企业搬迁收入扣除搬迁支出后为负数的，应为搬迁损失。搬迁损失可在下列方法中选择其一进行税务处理：

（一）在搬迁完成年度，一次性作为损失进行扣除；

（二）自搬迁完成年度起分3个年度，均匀在税前扣除。

上述方法由企业自行选择，但一经选定，不得改变。"

第二十一条："企业以前年度发生尚未弥补的亏损的，凡企业由于搬迁停止生产经营无所得的，从搬迁年度次年起，至搬迁完成年度前一年度止，可作为停止生产经营活动年度，从法定亏损结转弥补年限中减除；企业边搬迁、边生产的，其亏损结转年度应连续计算。"

综合以上政策条款可知，如果符合政策性搬迁的条件，企业需要将搬迁业务单独核算，在完成搬迁时确认搬迁损益并缴纳企业所得税；如果不符合政策性搬迁的条件，企业搬迁的损益需要与其他损益统一核算。企业可以基于以上规定实施递延纳税的筹划。

企业应对日常经营活动的盈利性与搬迁净损益进行预测评估。如果企业持有大量畅销存货，搬迁期经常性的利润较高，而搬迁会造成一定的损失，可选择不适用政策性搬迁税务政策，这样可以在当期抵扣应纳税所得额，减少现金流出，充分享受货币时间价值。反之，如果企业亏损，可选择适用政策性搬迁税务政策，企业在搬迁完成年度统一缴纳整个搬迁期间的企业所得税，而不必在搬迁过程中逐年缴纳。在停止经营或经营利润亏损的前提下，适用该政策，可抵扣亏损可以后延，否则可能会过期。

### 2. 土地增值税方面

根据《中华人民共和国土地增值税暂行条例实施细则》第十一条："因国家建设需要依法征用、收回的房地产，是指因城市实施规划、国家建设的需要而被政府批准征用的房产或收回的土地使用权。因城市实施规划、国家建设的需要而搬迁，由纳税人自行转让原房地产的，比照本规定免征土地增值税。符合上述免税规定的单位和个人，须向房地产所在地税务机关提出免税申请，经税务机关审核后，免予征收土地增值税。"也就是说，因国家建设需要依法征收、收回的房地产，免征土地增值税。

## 三、房产税缴纳义务时点

实务中，很多财务人员都对房产税的纳税义务发生时点不了解，从而给企业带来一定的税务风险。例如，房屋建筑物已达到预定可使用状态，但企业不转固，也不缴纳房产税，这种情况下，企业除了补缴税款，还要被征收滞纳金。

【案例 12-4】2023 年 6 月，某地税务局对辖区内企业的房产税缴纳情况进行专项检查，在对甲公司进行现场检查时，办税人员发现甲公司的某办公大楼已经投入使用，但一直未缴纳房产税。甲公司财务人员给出的解释是，"公司还未取得房产证，所以未缴纳房产税。"

对于上述解释，税务局不予认可，要求甲公司补缴房产税，并征收滞纳金。

房产税纳税义务发生的时点与企业计提固定资产折旧的时点基本一致，企业在获得房产的次月开始计提折旧，房产税纳税义务的发生时点也在企业获得房产的次月。例如，企业自建房屋，达到预计可使用状态后，由在建工程转为固定资产，企业从次月开始计提折旧和确认房产税。

相关政策将计提固定资产折旧和房产税纳税义务发生时点定为从次月开始，可能有两方面的考虑：一是，企业当月获得的资产通常不能足月使用，按整月确认折旧或房产税不合理；二是，在终止使用的当月仍需要确认折旧或房产税，而当月资产的使用期也可能不足月，首尾均计提折旧或房产税也不合理。上述案例中，甲公司房产税纳税义务的产生以房产满足可使用状态为前提，而非企业获得房产证。

企业通过不同途径获得房产，房产税纳税义务发生时点、终（中）止时点、缴纳时间的具体规定如下。

### （一）房产税纳税义务发生时点

（1）根据《国家税务总局关于房产税城镇土地使用税有关政策规定的通知》（国税发〔2003〕89号）：

"二、关于确定房产税、城镇土地使用税纳税义务发生时间问题

（一）购置新建商品房，自房屋交付使用之次月起计征房产税和城镇土地使用税。

（二）购置存量房，自办理房屋权属转移、变更登记手续，房地产权属登记机关签发房屋权属证书之次月起计征房产税和城镇土地使用税。

（三）出租、出借房产，自交付出租、出借房产之次月起计征房产税和城镇土地使用税。"

根据财税〔2006〕186号的规定："以出让或转让方式有偿取得土地使用权的，应由受让方从合同约定交付土地时间的次月起缴纳城镇土地使用税；合同未约定交付土地时间的，由受让方从合同签订的次月起缴纳城镇土地使用税。"

（2）根据《财政部 税务总局关于房产税若干具体问题的解释和暂行规定》（财税地字〔1986〕8号）：

"十九、关于新建的房屋如何征税？

纳税人自建的房屋，自建成之次月起征收房产税。

纳税人委托施工企业建设的房屋，从办理验收手续之次月起征收房产税。

纳税人在办理验收手续前已使用或出租、出借的新建房屋，应按规定征收房产税。

……

二十一、关于基建工地的临时性房屋，应否征收房产税？

凡是在基建工地为基建工地服务的各种工棚、材料棚、休息棚和办公室、食堂、茶炉房、汽车房等临时性房屋，不论是施工企业自行建造还是由基建单位出资建造交施工企业使用的，在施工期间，一律免征房产税。但是，如果在基建工程结束以后，施工企业将这种临时性房屋交还或者估价转让给基建单位的，应当从基建单位接收的次月起，依照规定征收房产税。"

（3）根据《财政部 国家税务总局关于房产税城镇土地使用税有关问题的通知》（财税〔2009〕128号）："融资租赁的房产，由承租人自融资租赁合同约定开始日的次月起依照房产余值缴纳房产税。合同未约定开始日的，由承租人自合同签订的次月起依照房产余值缴纳房产税。"

## （二）房产税纳税义务终（中）止时点

根据《财政部 国家税务总局关于房产税城镇土地使用税有关问题的通知》（财税〔2008〕152号）："纳税人因房产、土地的实物或权利状态发生变化而依法终止房产税、城镇土地使用税纳税义务的，其应纳税款的计算应截止到房产、土地的实物或权利状态发生变化的当月末。"

根据《财政部税务总局关于房产税若干具体问题的解释和暂行规定》（财税地字〔1986〕8号）："经有关部门鉴定，对毁损不堪居住的房屋和危险房屋，在停止使用后，可免征房产税。房屋大修停用在半年以上的，经纳税人申请，税务机关审核，在大修期间可免征房产税。"（注意：根据国税函〔2004〕839号，取消该条款中经税务机关审核的内容。）

## （三）房产税缴纳时间

国家税务总局对房产税缴纳时间未做明确规定，交由地方人民政府决定。根据《中华人民共和国房产税暂行条例》第七条："房产税按年征收、分期缴纳。纳税期限由省、自治区、直辖市人民政府规定。"

例如，有些地方房产税要求的"按年征收，分期缴纳"，即每年3月、6月、9月、12月的1日至15日申报缴纳本季度房产税，而有些地方的房产税要求全年税额分两次缴纳，纳税期限为每年4月1日至4月15日、10月1日至10月15日。

## 四、废品销售存在的税会问题

企业在经营过程中可能会产生一些废品，尤其是制造业企业，其废品种类较多，有些是生产过程中产生的，而有些则是办公过程中产生的。实务中，财务人员经常会忽略废品销售的税会处理，导致会计与税务核算出现差错。

【案例 12-5】甲公司是一家塑料制品生产企业，日常生产经营中会产生一些废品，财务人员将废品销售确认为其他业务收入，并认为这类废品销售收入属于免征增值税业务，故未缴纳增值税。

另外，为了图省事，财务人员未将废品销售所得登记入账，而是用废品销售获得的现金支付一些无法获取发票的采购业务的费用。

根据规定，个人销售使用过的旧货（废品）免征增值税。而上例中类似企业销售的废品，从本质上讲，其与存货只是产品形态上有所不同，因此不属于免征增值税的范畴。另外，企业将废品销售所得资金在"体外循环"的行为，涉嫌违反《中华人民共和国会计法》，故不可取。

### （一）废品的来源与特点

废品是企业在日常经营活动中，非特意、自然形成的物资。这里使用"物资"，而不使用"资产"二字的原因是，资产是由企业有意识的购置或以其他方式获取的。例如，企业购买原材料，股东以货币资金出资，这时的原材料和银行存款就叫资产，需要体现在财务报表上。而"物资"则不然，物资是由企业日常活动附带产生的，一般无单独的成本，其成本已计入其他资产或费用。例如，企业购置设备附带的纸箱等外包装物（可按照废品销售，取得收入）、原料使用后剩下的包装物（采购原料的成本均计入存货，不向包装物分配成本）、生产过程中产生的废品、废料等（生产成本均由良品承担）。

### （二）其他业务收入的主要核算内容

其他业务收入与主营业务收入均属于经常性损益的范畴，财务报表列报为营业收入。但是，由于其他业务的交易频率相对主营业务更低，金额相对更小，在企业营业收入总额中不占主要地位，因此在其他业务收入项目中核算。

企业常见的其他业务收入包括一般企业的房租收入，对应的房屋折旧计入其他业务成本；一般企业对外销售原料的收入，对应的原料成本计入其他业务成本；专利权使用费等让渡资产使用权的收入。

### （三）营业收入的认定

收入是指企业在日常活动中形成的，会导致所有者权益增加，与所有者投入资本无关的经济利益总流入。其中，"日常活动"是指企业为完成其经营目标所从事的经常性活动及与之相关的活动。例如，饲料企业的经营目标是通过生产并对外销售饲料产品而获取收入。

日常活动即采购原材料、加工产成品、销售产成品，如果销售了半成品或原材料，由于与日常经营活动密切相关，应计入营业收入中的其他业务收入。

需要注意的是，不同的企业对主营业务收入、其他业务收入、营业外收入的认定是不同的，例如，制造业企业销售部分主要用于进一步加工的原料，属于其他业务收入，但对于原料销售商来说，则属于主营业务收入。

除了废品购销企业，销售废品不是一般企业的日常经营活动和经营目标，因此对大多数企业来说，这类收入应计入营业外收入。

### （四）对废品销售的进一步分析

如果"废品"仍属于本企业可使用的原料范畴，或者企业生产过程中产生的边角料量大价高，例如，某些金属冶炼类或加工类企业，废品属于金属，其主要成分仍可以使用，那么可以按照其价值核算为存货，并冲减已经发生的成本费用。这些物质可以进一步加工，也可以对外销售，与真正的废品存在显著的区别，销售收入可以计入营业收入。

当然，以上都是原则性的分析，实务中的问题错综复杂，还需要具体问题具体分析。

### （五）增值税问题

很多企业在出售废品时都直接收现金，未计提并缴纳增值税，这存在一定的税务风险。一般企业销售废品，不适用免征增值税的税收优惠政策。根据《财政部 国家税务总局关于再生资源增值税政策的通知》（财税〔2008〕157号）："单位和个人销售再生资源，应当依照《中华人民共和国增值税暂行条例》（以下简称增值税条例）、《中华人民共和国增值税暂行条例实施细则》及财政部、国家税务总局的相关规定缴纳增值税。但个人（不含个体工商户）销售自己使用过的废旧物品免征增值税。"因此，企业经常销售的硬纸板，包装存货的编织袋等废品应该缴纳增值税。

## 五、股东捐赠的税会处理

实务中，存在关联关系的企业之间可能会发生一些非市场化的业务，如股东捐赠，对于该类业务，财务人员需要判断其交易条款是否公允，并做出恰当的税会处理。

【案例12-6】乙公司是甲公司的全资子公司，由于经营困难，拖欠甲公司的100万元往来款一直未偿还。鉴于乙公司经营效益不佳，甲公司决定豁免对乙公司的债权，乙公司将这笔款项作为母公司的捐赠计入营业外收入。

## （一）会计核算

甲公司对乙公司的债务豁免是基于其股东身份才会发生的，该业务使乙公司单方面受益，应该按照权益性交易来核算。乙公司应该将获得的母公司债务豁免计入资本公积，而非适用债务重组准则计入其他收益，或者视为获得捐赠计入营业外收入。恰当的会计处理如下：

借：其他应付款——甲公司　　　　　　　　　　1 000 000

　　贷：资本公积　　　　　　　　　　　　　　　　　1 000 000

## （二）税务方面

根据规定，股东捐赠在同时满足以下两个条件时，不征收企业所得税：

（1）在股东捐赠合同中将款项支付作为资本金；

（2）在会计核算上，接受捐赠方不得确认收入。

根据《国家税务总局关于企业所得税应纳税所得额若干问题的公告》（国家税务总局公告 2014 年第 29 号）：

"（一）企业接收股东划入资产（包括股东赠予资产、上市公司在股权分置改革过程中接收原非流通股股东和新非流通股股东赠予的资产、股东放弃本企业的股权，下同），凡合同、协议约定作为资本金（包括资本公积）且在会计上已做实际处理的，不计入企业的收入总额，企业应按公允价值确定该项资产的计税基础。

（二）企业接收股东划入资产，凡作为收入处理的，应按公允价值计入收入总额，计算缴纳企业所得税，同时按公允价值确定该项资产的计税基础。"

### （三）进一步分析

（1）在某些情况下，表面上看是股东无偿让利，但实际并非如此。例如，子公司面临债务危机，进行了破产重组，股东以债权人身份参加债权人组。股东与其他债权人在同比例、同条件范围内的债务豁免，不适用权益性交易，应按照债务重组准则进行核算，股东豁免债务超过一般债权人比例的部分，再考虑适用权益性交易。

（2）如果是子公司对母公司的反向捐赠，应该作为子公司对股东的分红来处理。

（3）母公司采取隐蔽的方法向子公司捐赠的，如低价向子公司转让资产，由于价格显失公允，这在会计和税务上均不合规。受让方应该按照资产公允价值入账，将公允价值与进项税之和扣除应付账款后属于权益性交易的部分，确认为资本公积。

## 六、退补企业所得税的会计处理

企业在次年五月之前，需要对上年企业所得额进行汇算清缴，这时可能会出现退补企业所得税的情况，若退补企业所得税的金额很大，则需要引起企业的注意。大额退补企业所得税，说明企业的会计核算基础较差，而且不利于企业资金安排。

【案例 12-7】2023 年 4 月，甲公司对 2022 年的企业所得税进行汇算清缴。甲公司 2022 年的企业所得税为 200 万元，但只计提了 150 万元，汇算清缴时需要补缴企业所得税 50 万元。针对 50 万元的补缴额，甲公司财务人员不知道是该将其直接计入当期所得税费用，还是进行追溯调整。

这个案例中，财务人员在计提企业所得税时，应该参考当时已有的信息，按照年度纳税申报的要求考虑全部的纳税调整事项。如果次年有不一致的情形出现，属于新发生事项的，补缴额计入当期损益即可，不需要追溯调整。例如，国家出台了临时的税收政策影响了最终汇算清缴的金额，就不属于财务人员在计提所得税时可以获取的信息。

实务中，导致大幅度退补税金的主要原因是财务人员在计提企业所得税时考虑不周，即导致实际金额与计提金额存在差异的事项在计提企业所得税时就存在，这属于会计差错，应该进行差错更正。具体可以根据补退税金的金额大小，结合企业规模和重要性程度，确定是否需要追溯调整。如果出现了较大差异，且差异事项是当时已经存在的，就需要进行追溯调整。

　　假设上述案例中甲公司需要补缴 50 万元企业所得税的主要原因是，公司将计提的坏账准备在所得税税前扣除了（坏账准备在实际发生并获得相应依据之前不得抵扣），未做纳税调增，故产生了会计差错；或者，甲公司拥有对其他公司的长期股权投资，2022 年获得分红 200 万元，并计入投资收益，财务人员对该项业务计提了企业所得税 50 万元，但在年度汇算清缴时，又按照调减投资收益后的金额缴纳了所得税，故在账面上出现了实缴和计提的差异。那么，在这两种情形下，甲公司需要对补缴的税款进行追溯调整。

# 第十三章

## 常见的税务筹划风险

## 一、企业购买艺术品的税会处理

实务界存在这样的税务筹划方案：股东将购买的艺术品投资到企业，企业对艺术品计提折旧或摊销，几年之后，艺术品的账面价值为零，企业再将艺术品返还给股东。这种税务筹划方案看似一举两得，一方面企业抵扣了企业所得税，另一方面股东获得了艺术品。实际上，类似的税务筹划方案既不符合会计准则规范，又不满足税务要求，存在一定的税务风险。

### （一）会计核算

#### 1. 会计核算科目

对于一般企业来说，艺术品不参与企业的日常经营活动，不是采购后直接对外销售，或经过加工生产之后对外出售，故不属于存货的范畴。另外，艺术品也不是企业为生产经营活动而购置的固定资产，不属于固定资产的范畴，但它又具有固定的形态，因此也不适合计入无形资产。虽然艺术品有增值的潜力，又有一定的交易市场，与某些金融资产或衍生金融资产具有类似的特点，但艺术品是典型的实物资产，也不适合计入类似的会计科目或报表项目。基于目前的报表项目设置，将这类资产计入其他非流动资产较为恰当。

### 2. 具体会计处理

艺术品的初始计量以历史成本为基础，这与其他类别资产的构建无本质差异，但在后续计量时，出于两方面的原因，企业不应该对其进行摊销或折旧：一方面，艺术品不属于与企业日常经营活动直接相关的资产，并不能将其价值转移到其他资产中予以收回成本，企业计提的折旧或摊销在会计上和税务上均无合理依据；另一方面，艺术品主要以增值为目的，通常不会因为使用而发生物理损耗和价值减少。

对于以收购、转卖、展览为主营业务的企业来说，可以基于其业务模式进行不同的会计核算。例如，以买卖艺术品和收藏品为目的的企业，应该在存货科目中核算相关资产，艺术品和收藏品出售后将其结转为营业成本；以展览为目的的企业，艺术品和收藏品可以计入固定资产，但是，由于艺术品和收藏品没有预计的使用年限，也不因为展览而发生损耗，相反还可能产生增值，甚至持有以备增值可能是企业的主要经营目的，因此仍不应计提折旧或摊销。

## （二）税务处理

《企业所得税法》规定企业实际发生的与取得收入有关的、合理的支出，包括成本、费用、税金、损失和其他支出，准予在计算应纳税所得额时扣除。所以，对于一般企业来说，购买和持有艺术品、收藏品是与取得营业收入无关的支出，不得税前抵扣。

对于以收购、转卖、展览为主营业务的企业，艺术品、收藏品的确与其日常经营活动密切相关，但企业仍不得在企业所得税税前抵扣计提的折旧或摊销。国家税务总局对艺术品折旧或摊销不得税前抵扣有明确的规定，根据《国家税务总局关于企业所得税若干政策征管口径问题的公告》（国家税务总局公告 2021 年第 17 号）："企业购买的文物、艺术品用于收藏、展示、保值增值的，作为投资资产进行税务处理。文物、艺术品资产在持有期间，计提的折旧、摊销费用，不得税前扣除。"

## 二、自然人通过减资降低税负是否可行

企业向自然人股东分红派息，自然人需要按照利息、股息、红利所得的税目缴纳个税，税率为 20%。实务界存在股东通过减资将税负降低至零的税务筹划方案，这种方案是否可行呢？下面通过案例进行分析。

【案例 13-1】甲公司有 2 个自然人股东，公司成立时两个股

东分别投资 50 万元, 并全部计入实收资本。公司经过几年的发展, 盈利 50 万元, 之前未分配过股息。甲公司按照规定计提了10% 的法定盈余公积, 即盈余公积 5 万元, 未分配利润 45 万元, 加上实收资本 100 万元, 所有者权益合计 150 万元, 两个股东各占 75 万元。

两个股东均希望每人获得分红 10 万元。甲公司财务人员认为, 如果采取直接分红的方式, 每人需要缴纳个税 2 ( 10 × 20% ) 万元; 如果采取减资的方式, 甲公司需减少注册资本 10 万元, 这部分不缴纳个税, 会计分录如下:

借: 实收资本                               100 000

      盈余公积                               10 000

      未分配利润                            90 000

  贷: 银行存款                           200 000

以上方案确实能在当期减少个税, 实收资本的减少对股东来说属于收回投资, 只需对收回投资以外的盈余公积和未分配利润征收个税, 每个股东只需缴纳个税 1 ( 5 × 20% ) 万元。但实际上, 以上方案无法从整体上降低税负, 自然人股东的税负不会因为股东通过不同的方法获取股息而有所改变。

在上述方案中, 自然人股东只是提前享受了收回投资部分的货币时间价值。股东减资后, 股东投资成本减少, 以后股东转让股权或以其他方式处置股权时可以抵扣的股权投资成本也会减少, 产生的股权转让收益仍需要缴纳个税。股息红利所得和财产转让所得的个税税率都是 20%，自然人股东不论是通过分红的方式，还是通过转让股权收回投资的方式获取所得，可以扣除的投资成本都是固定的，总体税负不会发生变化。

另外，随意通过增减注册资本实施税务筹划，是一种短视行为，会对企业造成以下不利影响：

（1）减资可能使员工对企业的发展前景产生担忧，导致员工对企业的忠诚度下降；

（2）减资可能引发企业客户和供应商的担忧，导致减少甚至终止与企业的合作（有些企业客户和供应商会对合作伙伴的资产规模有要求）；

（3）法律层面的问题，减资会降低企业对债权人利益的保障力度，在未获得债权人同意的前提下，可能会引发法律纠纷；

（4）减资会造成企业资本充足率下降，增加财务风险。

## 三、高管薪酬的税务筹划

根据《中华人民共和国个人所得税法》，工资薪金最高的边际税率是 45%（即应纳税所得额超过 96 万元的部分，需要按照 45% 的税率缴纳个人所得税）。如果是个体经营所得，纳税级数从工资薪金的 7 级降到个体经营所得的 5 级，最高档税率的税基从 96 万元降为 50 万元，最高档的边际税率从 45% 降为 35%。另外，部分地区个体经营者可以通过核定征收的方式进一步降低税率。可见，如果个税的缴纳可以适用个体经营，高管的纳税金额将有较大的降幅，但这类税务筹划方案缺乏合理性，存在一定的税务风险。

【案例 13-2】甲公司的税务顾问向其提供税务咨询服务，建议甲公司通过高管薪酬筹划降低高管的个税税负。建议甲公司将高管的薪酬一分为二：份额较小的部分作为工资薪金发放，并正常缴纳个税；份额较大的部分作为提供服务取得的收入，公司与高管签订某种类型的服务协议，高管按照个体经营所得缴纳所得税，由高管向公司开具服务类发票。

以上税务筹划方案存在较大的税务风险。类似筹划方案的关键在于是否能将同一交易关系拆分为两个交易关系，并分别适用不同的税目与税率。高管对企业的服务具有整体性，不可割裂开来分别对待。因为高管属于企业的员工，在雇佣期间和职责范围内，高管具有稳定和特定的工作内容与范围。高管在职期间的服务属于履行工作职责，企业基于员工所提供的服务，向员工支付相应的报酬，只涉及工资薪金所得。

高管提供的服务需要与关联交易进行区分。由于高管与其供职企业之间存在特殊关系，因此在某些情形下，可能会被界定为存在关联交易。通常来说，企业对关联交易的关注重点在于交易条款的公允性，但不论是否价格公允，是否存在利益输送，交易都是真实存在的，如企业总经理要求采购部门向其个人控制的某公司采购原材料。高管基于受雇而提供的服务具有整体性与不可分割性，不能将其分割出一部分作为关联交易，并向企业提供销售发票。

## 四、中小企业主个税筹划的常用方法及其评价

实务中存在大量关于中小企业主个税筹划的方案，以下进行简要介绍，并对其合理性予以评价。

### （一）发放特定金额的工资，剩余部分作为全年一次性奖金

【案例 13-3】李某创办了 A 公司，A 公司向李某及其妻子发放特定金额的工资奖金，每人每年 50 万元。李某及其妻子每月工资各 2.97 万元，并正常缴纳"五险一金"和个税，剩余金额作为奖金在年底发放。

民营企业自主经营，自负盈亏，国家仅规定了最低工资标准，没有规定最高工资标准。中小企业主作为企业的经营者，对其才能的度量客观上是与企业的经营业绩直接相关的，企业经营业绩高，说明企业主的贡献大，与其职务对应的工资薪金则理应较高，所以在税务层面通常不会对工资薪金进行纳税调整。实务中，与企业经营活动相关的支出可以作为企业的成本费用在企业所得税税前扣除，但对经营者妻子也支付同样金额的工资奖金可能不具有合理性，需要根据其具体的工作内容和贡献来认定，不能直接按照上述案例中的方案操作。

个税筹划还要看边际税率的大小，注意多收入一元钱，自然人需要多缴纳的税费金额。由于股息红利的税率固定为 20%，工资薪金（属于综合所得）的税率为 7 级超额累进税率，当工资薪金应纳税所得额超过第 3 级时，多分红会更有利，即 30 万元的应纳税所得额是通过工资形式发放的上限。综合所得个人所得税税率如表 13-1 所示。

表 13-1　综合所得个人所得税税率

| 级数 | 全年应纳税所得额 | 税率 |
|------|------------------|------|
| 1 | 不超过 36 000 元的部分 | 3% |
| 2 | 超过 36 000 元至 144 000 元的部分 | 10% |
| 3 | 超过 144 000 元至 300 000 元的部分 | 20% |
| 4 | 超过 300 000 元至 420 000 元的部分 | 25% |
| 5 | 超过 420 000 元至 660 000 元的部分 | 30% |
| 6 | 超过 660 000 元至 960 000 元的部分 | 35% |
| 7 | 超过 960 000 元的部分 | 45% |

需要注意的是，根据《财政部　税务总局关于个人所得税法修改后有关优惠政策衔接问题的通知》（财税〔2018〕164 号）："自 2022 年 1 月 1 日起，居民个人取得全年一次性奖金，应并入当年综合所得计算缴纳个人所得税。"针对该政策，《财政部　税务总局关于延续实施全年一次性奖金等个人所得税优惠政策的公告》（财政部　税务总局公告 2021 年第 42 号）将其延长至 2023 年 12 月 31 日。企业与员工还需密切关注该政策在 2024 年及以后年度是否仍延长适用，若奖金并入工资中，则两者的个人所得

税税率不存在差异，通过调节工资与奖金进行税务筹划也会失去存在的基础。

## （二）关联交易的税务风险

### 1. 成立知识产权公司

【案例 13-4】乙某除了创办甲公司，还在某地成立了知识产权公司。知识产权公司将专利（商标）使用权授权给甲公司使用，每年收取专利（商标）使用费 300 万 ~500 万元，即甲公司通过关联交易将资金转移到知识产权公司。

这个案例主要存在以下三个问题：

（1）该专利（商标）使用权每年 300 万 ~500 万元的收费是否公允；

（2）如果该专利（商标）是甲公司正常经营所必需的资源，而甲公司不能控制这些资源，是否会对其持续经营产生重要影响；

（3）若该专利（商标）本身产生于甲公司，将其独立出去则缺乏合理性。

综合以上分析可知，如果该专利（商标）是甲公司在经营过程中形成的，乙某仅出于避税目的而将其拆分出来，显然属于违法违规行为。如果专利（商标）使用权是乙某向第三方购买的，以此资产另外成立公司，并通过授权其他企业使用而获取知识产权收入，则属于合理业务。

### 2. 离职补偿金的个人所得税问题

根据财税〔2018〕164号："个人与用人单位解除劳动关系取得一次性补偿收入（包括用人单位发放的经济补偿金、生活补助费和其他补助费），在当地上年职工平均工资3倍数额以内的部分，免征个人所得税；超过3倍数额的部分，不并入当年综合所得，单独适用综合所得税率表，计算纳税。"实务中，个别企业主会想通过离职补偿金进行个税筹划，但企业主频繁的离职和入职，明显不合常理。

### 3. 设立信托公司

企业主设立信托公司，按照高利率向公司提供贷款并收取利息，这样的税务筹划方案涉及关联交易，不仅需要考虑债资比，还要注意税前抵扣问题。如果收取的利率高于同期银行借款利率，不合理的利息支出不可以在企业所得税税前扣除。

## 五、成立多家公司涉及的税务问题

实务界存在通过设立多家公司进行税务筹划的情形，具体步骤为：（1）投资少许资金成立家族企业，用于家族成员消费和投资其他项目；（2）成立合伙企业，家族企业投资少许资金，并作为有限合伙人控制合伙企业；（3）合伙企业投资主体公司，从事经营活动；（4）将主体公司的部分业务外包给家族企业成立的咨询公司，咨询公司的收入用于企业主开销。殊不知，这样的税务筹划方案存在着极大的税务风险。

### （一）股东身份与被投资企业身份混同

该方案的第一步是设立家族企业，家族企业注资后，只负责投资和家族成员消费，目的是免交 20% 的股息红利个人所得税。严格区分被投资企业的财产与股东个人财产是法律的要求，股东将被投资企业的财产用于个人消费的，要按照投资分红计算，仍需要缴纳个人所得税。

### （二）关联交易或利益输送行为

该方案的最后一个环节，主体公司向企业主成立的咨询公司采购咨询服务，并支付咨询费的业务可能缺乏事实基础。企业主作为企业的主要经营管理人员，在其管理能力范围内向企业提供服务是其应尽的职责，不能将这部分服务以咨询公司提供咨询服务的形式额外收取费用，如此操作不具有合理性。

当然，企业主设立咨询公司并为企业提供咨询服务并非都不具有合理性，若企业主设立的咨询公司存在真实的业务，主体公司向其采购咨询服务，并支付咨询费，则可以认为具有合理性。例如，某公司是以医药中间体研发、生产和销售为主营业务的科技型公司，公司的自然人大股东成立了一家中介公司，主营业务为替客户代为申请高新技术企业证书，甲公司委托该中介公司代为办理高新技术企业认证事项。这种情形下，双方的交易就具有真实性，属于合规交易。

## 六、一笔业务同时开具两类发票

增值税是我国的主要税种之一，它是对商品增加的价值征收的一种税。不同的增值税应税项目，适用不同的增值税税率。例如，货物销售、动产租赁与提供服务等，通常前两者适用 13% 的税率，后者适用 6% 的税率。实务中，有些企业为了降低税负，会将应该适用高税率的动产租赁拆分为动产租赁和信息技术服务两部分，分别计算和缴纳增值税。如此操作，虽然表面上降低了企业税负，实际却存在一定的税务风险。

【案例 13-5】乙汽车租赁有限公司（以下简称乙公司）主营业务是汽车租赁，在全国各主要城市投资设立子公司，并通过各子公司在当地设立多家分公司的方式扩大经营区域。客户可以通过乙公司开发的手机应用程序在线预订车辆，预定成功后到门店取车。乙公司在向客户开具租车发票时，会将收到的合同价款拆分为两部分，分别开具车辆租赁费和信息技术服务费发票。其中，信息技术服务费发票的金额占比较大，适用 6% 的增值税税率；车辆租赁费发票金额占比较小，适用动产租赁 13% 的增值税税率。

这个案例中，乙公司针对客户购车的合同价款分别开具两类发票的行为是违规的，其应该按照 13% 的税率全额开具车辆租赁费发票。下面分别从两个视角做出分析。

### （一）混合销售与兼营视角

混合销售是一笔交易涉及多个密切相关的业务，纳税人对全部合同收入按照主业的增值税税率缴纳增值税。在上述案例中，客户从乙公司只租赁了车辆，不存在与租车业务不可区分的其他产品或服务，显然不属于混合销售。另外，兼营涉及多个业务且不同业务不一定发生在同一笔交易中，而乙公司只经营车辆租赁业务，客户除租车外，并未购买与车辆租赁相互独立的其他产品或服务，因此，本案例也不涉及兼营。

### （二）基于收入准则中单项履约义务的视角

也许有人会认为乙公司向客户开具信息技术服务发票也是合理的，因为乙公司获取客户的渠道分为多种，开发这些渠道均会产生一定的成本费用，如开发手机应用程序、投放电视广告等，其也对客户提供了信息技术服务，存在信息技术单项履约义务。这样理解可能是将企业发生的成本费用项目与收入项目进行了混淆，认为乙公司既然存在信息技术方面的成本费用，就应该确认信息技术服务收入及增值税，这显然是不正确的。

乙公司的车辆租赁合同是否包含多项履约义务，是否存在适用不同增值税税率的可能性，可以基于收入确认五步法模型的框架进行分析。在针对车辆租赁的业务中，可以识别出双方存在车辆租赁的合同关系，并且唯一的履约义务就是车辆租赁，不存在乙公司向客户提供了信息技术服务这一履约义务，因此，乙公司应该将收到的交易款项全部分配给车辆租赁收入，并按照车辆租赁的税目和税率缴纳增值税。